MES AVEUX

CHRISTINE MALÈVRE

MES AVEUX

Avec la collaboration de Marie-Thérèse Cuny

FIXOT

ISBN : 2-221-08946-4

Avant-propos

Ce livre ne veut et ne doit être en aucune façon une entrave à la Justice. Il n'est et ne saurait être rien d'autre qu'un témoignage.

Je suis actuellement mise en examen. Seul un juge d'instruction pourra décider de mon sort en me renvoyant devant un jury d'assises, selon son intime conviction.

Ma vie et ma carrière sont en suspens, dans l'attente de ce procès, et cette attente peut être longue. Or l'opinion publique et les médias ont évoqué diversement ma situation en fonction d'informations erronées ou partielles.

Dans un premier temps, j'avais choisi de garder le silence, par respect pour mon métier et pour les malades dont j'avais eu à accompagner les souffrances. Ce silence n'a pas été respecté par tous les protagonistes de cette affaire. Il était naïf de ma part de l'espérer. Lorsqu'on est accusé en dehors du secret et de la sérénité d'un cabinet d'instruction, il est extrêmement difficile de s'expliquer. Or le sujet même de ma mise en accusation, l'assistance aux malades en fin de vie, provoque naturellement la polémique, et parfois aussi le désordre des idées dans l'urgence de l'information et le non-dit des débats.

C'est pourquoi j'ai choisi l'écriture et ce livre pour m'exprimer. Un livre est personnel et intime. Il permet de prendre le temps de la réflexion. Et si l'écriture est souvent douloureuse et la sincérité également, elles m'ont soulagée et m'ont aidée à survivre.

Je n'ai que vingt-neuf ans. Ce regard porté sur ma courte vie, je l'espère aussi lucide que possible, pour les autres et pour moi-même.

Mon témoignage vécu n'a d'autre intention que cet espoir car je n'appartiens à aucune chapelle, et si ce livre peut aider mes consœurs infirmières à mieux comprendre le métier, le sacerdoce qu'elles ont embrassé et à réclamer en conséquence des moyens dignes de ce nom pour l'exercer, qu'il soit ma petite pierre à ce grand édifice.

Je remercie ma famille pour son amour et son soutien indéfectible ainsi que Marie-Thérèse Cuny pour sa précieuse et sage collaboration.

Christine Malèvre

1.

J'ai pris la décision de mourir. De disparaître.

Je vais me tuer. Je vais me tuer. La première idée qui me traverse l'esprit, c'est l'hôpital, me suicider carrément à l'hôpital. Il est tellement haut que je peux grimper n'importe où pour me jeter dans le vide, je n'en réchapperai pas. Ce serait rapide, je pourrais le faire dans quelques minutes, mais ce ne serait pas beau. Affreusement spectaculaire. L'image de mon corps écrasé sur le sol serait pénible à voir pour les autres. Une mort indécente.

Je n'ai pas peur de mourir. Je me dis simplement que c'est la seule issue, je ne peux pas faire autrement. Je vais trouver comment me tuer.

Depuis que je suis sortie du bureau du directeur de l'hôpital, c'est la seule idée qu'il me reste en tête ! Mais j'ai besoin de revoir Cédric. J'ai besoin de lui dire une dernière fois que je l'aime. De l'embrasser et de lui dire adieu sans réellement lui dire que c'est un adieu.

Nous sommes au mois de mai, nous devions nous marier au mois d'août, j'ai ma bague de fiançailles, ma robe est déjà commandée, je l'ai même essayée.

Écrue, belle, évasée comme une robe de princesse, elle recouvre les épaules avec un grand voile derrière.

Je me souviens du jour où je suis allée la choisir dans la boutique, et aussi du moment où j'y suis retournée avec maman pour l'essayer, et je lui ai dit : « Je crois que je ne la mettrai jamais. »

Et j'ai fondu en larmes. J'étais heureuse pourtant de lui montrer cette robe, maman disait que j'étais belle, mais j'ai répété : « Tu sais, je crois que je ne la mettrai jamais, cette robe. »

Un pressentiment de quelque chose, une grande tristesse tout à coup m'avaient saisie, peut-être l'idée fugitive d'un bonheur auquel je n'avais pas droit. Peut-être la lune, un nuage d'émotion qui passe, je ne savais pas vraiment quoi. Maintenant, je sais.

Et je revois nettement cette image de moi-même dans la glace de la boutique, une mariée fantôme qui n'existerait pas.

Une infirmière qui n'existe plus. Ils m'ont arraché ma vie, ma passion pour mon métier. Il n'a fallu que deux jours et deux nuits pour que la terre s'écroule.

Mardi. J'ai mal dormi. Le matin, comme toujours, mon chat est venu me débarbouiller les yeux pour me réveiller. C'est un chat obstiné, il va jusqu'à soulever mes paupières à coups de langue, pour être certain que je vais me lever. Cédric dormait encore, il part travailler après moi. Comme d'habitude, j'ai pris le temps de me préparer, de déjeuner pour ne pas arriver en retard à l'hôpital, je calcule très exactement le temps dont j'ai besoin le matin. Ainsi j'arrive prête à prendre mon service, tandis que les autres filles s'accordent le temps d'une tasse de café.

Cette tasse de café est un véritable problème entre elles et moi. Une perte de temps, à mon avis, une détente pour elles. On m'a reproché de ne pas participer à ce petit rituel. On me dit solitaire, trop dévouée, je croyais que quelques-unes de mes collègues avaient de la sympathie pour moi malgré ce petit reproche, à mes yeux sans importance. Ce n'était pas réellement le cas.

La matinée a passé presque en silence, je sens une atmosphère un peu bizarre autour de moi. Mais rien de plus. Dimanche, nous avons perdu un patient. C'est à cause de lui que j'ai mal dormi. J'ai vaguement peur d'avoir fait une bêtise, une erreur. J'ai beau me persuader que c'est faux, que mon comportement n'est pas en cause, l'idée ne me quitte pas.

Je ne dis à personne ce qui m'arrive, d'ailleurs je n'en sais rien, tout se mélange dans ma tête, le décès de la veille, celui d'aujourd'hui, imminent, les autres morts, toutes ces morts que nous croisons à l'hôpital, il faudrait s'y habituer. S'endurcir, ce n'est pas mon cas. J'aime mes patients, ils font partie de ma famille, une mort me bouleverse toujours, même si j'ai appris depuis quelque temps à n'en rien laisser paraître.

Je suis dépositaire à vie d'une histoire de mort, je n'ai jamais pu la confesser. Dans quel confessionnal me soulager, ici il n'y en a nulle part ? Dans le service où les malades ont le sida, l'équipe a une cellule de paroles avec un psychiatre, on peut y parler de la mort, de la souffrance des patients et de la sienne. Pas chez nous. Chez nous, il y a des malades classiques, en pneumologie ou en neurologie, les lits sont toujours remplis, des cas sans histoires, des séjours courts, mais on y meurt aussi du cancer des poumons, ou d'une tumeur au cerveau. Les séances de chimiothérapie, les malades en rémission que l'on voit revenir un mauvais jour, pour recommencer, souffrir, et parfois mourir malgré tout l'arsenal de la médecine. J'ai vu beaucoup de gens mourir en trois ans. Chaque fois, je souffre de cette mort attendue. Mais de cette souffrance je n'ai personne à qui parler.

La première fois que j'ai craqué dans un couloir, j'avais besoin d'aide, j'allais me confier au médecin, dire mon secret et m'en soulager, je sanglotais, le dos au mur, alors il m'a secouée, presque engueulée. Je me souviens mal des expressions, mais le ton était brutal. Des mots du genre :

« Christine ! On ne pleure pas, on ne se laisse pas aller ! Il faut se ressaisir ! Un malade meurt, ce n'est pas la fin du monde, tu en verras d'autres ! Secoue-toi ! C'est ton métier ! »

Pourtant j'avais un aveu au bord des lèvres. Et grand besoin de le partager avec quelqu'un de confiance. Si ce médecin m'avait juste un peu consolée, s'il avait pris le temps de quelques secondes de patience, de poser des questions au lieu de répondre à mes sanglots par une bousculade, alors... rien d'autre peut-être ne serait arrivé. Au début de ma carrière d'infirmière, j'étais idéaliste, je rêvais d'une équipe soudée avec un patron, un vrai, une sorte de père professionnel. Ce n'est pas le cas, le mot « patron » n'existe plus. On se tutoie, on va vite, rares sont ceux ou celles qui s'attardent à faire ce que j'appelle de l'humanitaire auprès des malades.

Le médecin passe, ordonnance, et repart. C'est un technicien qui mesure son temps.

C'est dans le bureau de cet homme que je me rends ce mardi, en milieu de matinée.

La première question me saisit de plein fouet :

« Christine, je suis un peu étonné, je trouve que le patient décédé hier est parti un peu vite... »

Mes jambes tremblent aussitôt. La phrase est si directe, si violente, que je me sens immédiatement coupable. Cependant nous nous y attendions tous, à ce décès, et je n'y suis pour rien, rien, à moins que...

Est-ce que je vais lui dire ? J'ai si peur d'avoir fait une bêtise. Mais j'ai peur surtout de ce regard accusateur. Alors je vais lui répondre la vérité, sans la dire vraiment. Le dimanche après-midi j'ai avancé l'heure de la prise du tranquillisant prescrit, le patient était terriblement angoissé. J'explique ensuite ce qui s'est passé, l'encombrement des bronches, les pauses respiratoires, l'oxygène, je dis aussi que j'avais pensé à avancer l'heure de la deuxième prise de tranquillisant pour le soir, je l'ai dit à ma collègue, mais nous n'en avons même pas eu le temps.

Mais je ne parle pas de ce que j'ai fait. Du petit doute qui me ronge depuis dimanche soir.

Car j'ai pris une décision qui ne m'appartenait pas. Ce patient dont il parle était en fin de vie, il est mort sous nos yeux dans sa chambre, en présence de l'assistant de garde, d'une collègue et d'une aide-soignante. Toute la journée, il avait fallu l'aspirer régulièrement, toutes les heures. Il pleurait, étouffait et pleurait encore, et nous n'arrêtions pas de l'embêter par nécessité. L'aspiration bronchique, ce tuyau qui passe par le nez, c'est très désagréable, douloureux même, certains patients conscients nous l'ont déjà dit. Or les sécrétions purulentes étaient épouvantablement épaisses chez celui-ci. Depuis les transmissions du matin, nous savions qu'il « n'est pas bien du tout », c'est la formule consacrée pour souligner une dégradation importante. L'infection ne cédait pas, il n'était pas bien non plus moralement. Nous savions aussi qu'il avait déjà fait une tentative de suicide, ailleurs, dans un autre hôpital. Je ne me souviens plus très bien comment, je crois qu'il avait tenté de se jeter dans un escalier avec son fauteuil roulant.

Il y a sûrement longtemps que ce malheureux n'en peut plus physiquement et moralement. Victime d'un grave accident vasculaire cérébral, il n'a gardé qu'un seul côté de son corps valide. Ce dimanche-là lorsque je suis entrée dans sa chambre, il geignait et pleurait, et je l'ai vu soudain, les yeux pleins de larmes, porter sa main valide à son cou, comme pour tenter de s'étrangler, ou d'arrêter cette suffocation permanente. Elle était crispée, volontaire, cette main, un véritable geste de mort, s'il l'avait pu. Je l'ai retirée de son cou, je l'ai retenue de force, j'ai dû la bloquer dans la mienne pour l'empêcher de recommencer. Je sentais cette volonté forcenée d'y retourner. Ce n'était pas du tout le geste de quelqu'un qui veut faire comprendre qu'il étouffe, c'était un geste de strangulation volontaire, effrayant. Alors, je n'ai pas lâché sa main en essayant de le réconforter.

« Qu'est-ce qui ne va pas ? Il ne faut pas faire ça. Ce n'est pas bien... Calmez-vous, allons, allons... Soyez raisonnable. »

Il ne pouvait pas me répondre. Je n'avais pas envie de l'attacher, je trouve cela barbare et, même si cela suppose de surveiller plus souvent le malade, je préfère l'éviter. D'autres collègues le font sans complexe, pour avoir la paix. Moi, j'ai toujours du mal à m'y résoudre, je ne l'accepte qu'en cas d'absolue nécessité, si le patient arrache sa perfusion ou une sonde, par exemple, ou délire trop. Je ne connaissais pas cet homme depuis très longtemps, il avait été transféré à nouveau chez nous récemment, après un accident vasculaire cérébral important, et avec des complications pulmonaires graves. Il était conscient, terrifié par l'approche d'une mort qu'il savait certainement inévitable.

Plutôt que de l'attacher, j'ai préféré passer un peu plus de temps près de lui et ne pas lui lâcher la main avant qu'il soit calmé. Comme on lui avait prescrit un tranquillisant, j'ai d'abord décidé d'avancer l'heure de la prise. Et c'est là que j'ai fait quelque chose que je n'ai pas le droit de faire. Au lieu des quinze milligrammes prescrits, j'en ai mis trente, uniquement pour apaiser l'angoisse épouvantable qui transparaissait dans le regard de cet homme, et surtout la violence de son geste presque suicidaire. J'aurais pu n'en rien faire, attendre l'heure de la prise du calmant, respecter la dose, lui attacher les mains et m'en aller. J'aurais pu surtout appeler le médecin ou l'assistant. Réclamer la prescription supplémentaire, et perdre du temps à attendre que l'assistant de garde veuille bien me répondre au téléphone et se déplacer depuis l'annexe de l'hôpital, puis décider ou non d'augmenter la dose. Et il n'était pas sûr du tout qu'il le veuille ! Le dimanche n'est pas un jour simple à l'hôpital. Combien de fois nous nous sommes entendues répondre au téléphone :

« Ah non, il a sa prescription, ce n'est pas mon malade, moi je ne prends pas de responsabilité. »

Et combien de fois, j'ai serré les dents, en rogne, en pensant : « C'est toujours le même " merdier " pour avoir de l'aide. »

Je m'attendais à cette attitude, il faut toujours lutter pour que le médecin vienne voir sur place en dehors des visites, et parfois, lorsqu'il arrive, le malade est un peu plus calme, ou ne dit rien parce qu'il a peur de parler au médecin, ce n'est pas à lui qu'il se plaint, mais à nous... c'est comme ça. Du coup « on a dérangé » pour rien, le malade attendra la visite, voire le lendemain. Personne ne veut se « mouiller » même pour un cachet antidouleur ou quelques milligrammes de paix. « Ce n'est pas mon malade... »

J'ai donc décidé seule, parce qu'il s'agissait d'un tranquillisant déjà prescrit, et que j'espérais soulager au mieux cette souffrance morale.

Je ne pouvais pas abandonner un homme dans une angoisse pareille, c'était inhumain de le laisser agoniser ainsi.

Il s'est effectivement calmé un peu, mais dans l'après-midi il était toujours très encombré, et il essayait d'enlever la sonde que je tentais d'introduire pour soulager ses bronches, il détournait son pauvre visage, les yeux égarés, j'avais réellement le sentiment de le torturer en l'aspirant avec difficulté. Je passais régulièrement dans la chambre. En fin de journée, pour mon tour des médicaments vers 16 heures je crois, j'ai vu que sa perfusion était à moitié bouchée, c'est une chose banale qui arrive souvent. Je suis donc allée en salle de soins chercher une seringue, pour déboucher cette perfusion, ensuite ça passait très bien. Je me souviens aussi avoir vérifié l'oxygène dans le sang, le malade faisait des pauses respiratoires inquiétantes. J'ai pratiqué cet examen tout simple avec un petit appareil placé au bout du doigt qui permet de voir le taux d'oxygène. Il dégringolait. Et je voyais bien que le patient angoissait à nouveau, qu'il était à bout de résistance.

Ce regard d'un homme qui sent venir la mort fend le cœur. Je suis faite de telle sorte que je souffre de la souffrance des autres. C'est pour cela que j'ai choisi ce métier, on ne devient pas infirmière par hasard. Ni pour le salaire ni parce qu'on ne sait pas quoi faire d'autre. C'est une vocation, une volonté profonde d'aider, de servir à quelque chose, un très vieil instinct féminin, parfois maternel, toujours fraternel. J'espérais progresser, apprendre, entrer un jour dans une équipe de soins palliatifs. Nous n'en avons pas ici. Ici, on réanime ou on attend avec les moyens à notre disposition. La chimio, la morphine, les calmants. On traite un corps, pas une âme. Sans connaître intimement ce malade qui ne pouvait plus communiquer que du regard et par gestes désespérés, je voulais aussi soigner son âme, la tranquilliser. Il ne devait pas se rendre compte de son état, on nous l'avait dit... or c'était le cas. Expliquer cela à l'assistant de garde, par téléphone, impossible.

En fin d'après-midi, j'ai donc dit à ma collègue :

« Il m'inquiète. Je me demande s'il ne faudrait pas avancer la prise de tranquillisant du soir ?

– On verra, on appellera l'assistant de garde. »

Très vite, malgré le débit d'oxygène important, le malade « désaturait » beaucoup trop. Nous avons donc appelé l'assistant de garde, il a augmenté le débit d'oxygène, nous étions quatre dans la chambre, à espérer, l'assistant de garde, deux infirmières et une aide-soignante. Mais il n'y avait plus rien à faire.

Il est décédé devant nous.

Et il s'est passé dans cette chambre quelque chose d'étrange. L'aide-soignante a été prise d'un fou rire nerveux qui nous a gagnées. Cela ne nous était jamais arrivé en pareil cas. Un fou rire dans ces conditions est terriblement contagieux, c'est le côté pile de l'angoisse peut-être. On rit pour ne pas pleurer ? On est trop fatigué ? Pendant quelques minutes nous ne sommes pas arrivées à nous contrôler. Je m'en suis excusée auprès de l'assistant de garde, j'étais gênée. Aucune d'entre nous ne savait pourquoi nous nous étouffions ainsi de rire, même pas celle qui avait commencé.

Il m'a répondu :

« C'est pas grave, ça arrive. »

Ensuite, il a fallu appeler sa femme, dire les mots convenus au téléphone en pareil cas.

« Il n'est pas bien du tout, il faut venir... »

On n'annonce jamais un décès brutalement au téléphone.

C'est moi qui m'en suis chargée, et cette femme a demandé au médecin de me voir. Elle m'a embrassée ensuite dans le couloir en pleurant et en me remerciant de ce que nous avions fait pour son mari. Je me souviens même très bien que le médecin s'en est un peu étonné. C'est pourtant courant, c'est nous les infirmières qui accompagnons les derniers moments d'un malade, c'est notre main qui tient la sienne et qui caresse son front, c'est notre voix qu'il entend répéter les mots rassurants :

« Ça va aller, ne vous inquiétez pas, calmez-vous, tout ira bien... ça va aller... »

Les mêmes mots toujours, comme une comptine à un enfant apeuré. Une main sur le front, un oreiller que l'on arrange, une voix près de l'oreille, lorsque tout a été fait techniquement, qu'il ne reste plus rien que la tendresse et la compassion.

Si la mort était toujours paisible, ce serait moins dur, mais cette saleté-là est trop souvent diabolique dans la torture.

En rentrant chez moi le soir, comme d'habitude, j'étais triste, avec un décès de plus dans la tête. Et un peu inquiète à cause des quinze milligrammes supplémentaires. Mais... Non, impossible. Ce n'était logiquement pas cela. Dose sans conséquence. Et je me répétais que le médecin l'avait augmentée dès le départ en nous disant :

« Il ne faut pas qu'il se rende compte de l'état dans lequel il est ! »

C'est ce que j'avais tenté de faire sans perdre de temps, tout simplement. Et puis il était mort en fin d'après-midi, alors que j'avais décidé de doubler la dose au début de l'après-midi. Je n'y suis pour rien. C'est ce que je me suis répété inlassablement.

Seulement voilà, je ne suis pas médecin. Je n'ai pas le droit de prendre une décision de ce genre sans en référer, même si elle est quasi anodine. Calmer l'angoisse d'un malade avec une faible dose de ce produit est en effet un geste anodin. La morphine soulage la souffrance physique, pas l'autre, la souffrance de l'être conscient qui sent venir la mort.

Pour quelques heures ou peut-être quelques jours encore, il fallait se battre, lutter pour sa survie, même devant ce regard qui réclamait l'apaisement.

Chaque mort annoncée me ramène au secret que je porte en moi, si grand qu'il m'empêche trop souvent de m'endormir, qu'il me fait pleurer la nuit en silence sous ma couette aux côtés de Cédric qui dort, et ne pose jamais de questions. Cédric a ses propres problèmes de santé, il n'en parle pas beaucoup, je dois parfois lui tirer les vers du nez pour savoir. Il n'est pas communicatif. Lorsque je l'ai connu à l'hôpital, il souffrait d'une maladie dégénérative, je suis tombée amoureuse de lui assez vite, au bout d'une année nous avons choisi de vivre ensemble, puis de nous marier. Entre-temps, il a un peu cessé de se battre, il s'est retrouvé définitivement dans un fauteuil roulant. Au fond, ma sœur a raison lorsqu'elle me dit, avec son œil bleu qui ne laisse rien passer :

« Tu as pris du travail à la maison, toi ! »

Ce soir, je réalise un peu que j'espérais une autre vie de couple. Un échange plus profond entre nous. Mais Cédric n'aime pas les questions.

Même s'il en posait... C'est un secret intime que je ne peux révéler à personne. Une promesse tenue, un pacte de foi que je ne pourrais jamais transgresser.

Il reste que pour ce patient j'ai agi sans ordre. Cela je devrais au moins pouvoir le dire honnêtement, ne serait-ce que pour me libérer du petit doute qui me taraude. Sur le moment, lorsque j'ai prévenu le médecin du décès de ce patient qu'il connaissait un peu, je crois, j'ai failli le lui dire, pour qu'il me rassure.

Une faute professionnelle ? Je risquais seulement de me faire un peu engueuler pour n'avoir pas respecté la règle de l'autorité médicale souveraine.

Or je n'ai pas pu avouer. Parce que je ne peux plus lui parler, il n'aime pas que l'on s'attendrisse, que l'on pleure, que l'on s'implique trop avec les malades. Nos rapports sont bloqués.

Maintenant il est trop tard, j'ai déjà menti par omission. Et il s'étonne que ce patient soit parti « un peu vite »... Même si tout le monde s'y attendait, y compris sa femme. Cette expression « un peu vite » ne concerne pas réellement ce malade, mais l'infirmière, pour un soupçon plus vaste.

Alors, je garde la bouche fermée sur la panique qui m'envahit. J'explique simplement le déroulement de l'état du malade, je parle technique, la trouille au ventre. Car la peur me paralyse et m'empêche de réfléchir. Tout se bloque en moi lorsque j'ai peur, même les fonctions naturelles, manger, boire, uriner, plus rien ne se passe, mon corps est un bloc pétrifié.

Je prends la deuxième question en plein cœur.

« Je me pose des questions, Christine, je me demande, je ne sais pas, mais est-ce que tu aurais euthanasié M. X ? »

Quelques secondes sans voix, le temps de réaliser ce que représente ce mot. Je l'entends ici pour la première fois.

« Mais non ! Non ! »

Je ne peux pas me défendre davantage et avec assez d'indignation, ni contre-attaquer. Je devrais m'indigner, m'exclamer : « Mais ça ne va pas ? Qu'est-ce que vous dites ? »

On m'accuse d'un crime, en fait. Comme si on me disait : « Tu as tué M. X ? »

Mais non ! Non !

Pas d'autre défense. Finalement la discussion en reste là, non, c'est tout. Je peux quitter ce bureau, sous le choc.

En sortant du bureau, j'ai les jambes en coton, je croise un collègue, l'un de ceux avec qui j'ai de bons rapports professionnels. Je dois avoir une drôle de mine, car il demande :

« Où tu étais ?

– Dans le bureau du docteur Untel.

– Qu'est-ce qu'il y a ?

– Il... il m'a demandé si je n'avais pas... euthanasié M. X !

– C'est n'importe quoi ! »

Mon collègue est suffoqué, il râle. Je n'écoute pas vraiment ce qu'il dit, je repars travailler dans le flou le plus total.

Je fais mes transmissions à l'équipe suivante dans une atmosphère lourde d'inconnu.

Il va m'arriver une chose épouvantable, et je ne pourrai obtenir d'aide de personne. Absolument personne.

Je suis rentrée à la maison, je n'ai rien dit à Cédric, qui ne demande jamais rien non plus, je suis allée me coucher sans dîner, pleurer sans qu'il le sache, comme d'habitude. Le lendemain, mercredi, j'étais du soir. Je suis arrivée à l'hôpital à 13 h 30. Il régnait un silence terrible dans le service. Personne ne me parlait.

Au moment des transmissions, la surveillante écrit quelque chose sur un papier qu'elle me glisse dans la main sans un mot, je lis : 15 h 30, rendez-vous chez Mme...

C'est l'infirmière générale. Je suis fichue.

J'arrive chez l'infirmière générale.

« Nous avons rendez-vous chez le directeur. »

Je ne le savais pas, on s'était bien gardé de l'écrire sur le papier. Et, comme personne ne me parle, je me doute de quelque chose.

La certitude commence à m'envahir, je me dis : « Ça y est ! Je suis fichue. »

Je fais mes soins comme un automate, le cœur serré.

Un malade n'est pas bien du tout et je n'arrive même pas à prendre sa tension tellement elle est faible, il est en train de mourir...

Je le dis au médecin... qui me répond seulement : « Je sais. »

Alors je ne m'en occupe pas davantage, angoissée par ce silence autour de moi. J'attends, je ne sais quoi, une sorte de désastre. Une mise à pied, me faire renvoyer de l'hôpital. Pourtant je n'ai rien dit ni fait qui puisse logiquement leur permettre une telle sanction. Mais il y a toujours cette culpabilité secrète. Je me sens vaguement menacée.

Je rencontre dans le couloir l'aumônier de l'hôpital, il me connaît très bien. Il me demande comment je vais, comment sont mes rapports avec mes collègues, je réponds par une moue désabusée.

« Je vous laisse parce que j'ai rendez-vous.

– Ça n'a pas l'air d'aller ?

– C'est rien. Si... Ça va... si... ça va. »

On dirait qu'il sait quelque chose, lui aussi.

C'est foutu, qu'est-ce que je peux faire ? Je me sauve en courant ? Je vais me cacher quelque part ? J'affronte ? Je ne sais plus. En moi c'est la tornade, je suis complètement paniquée. Je vois ma carrière qui s'effondre. Je vois venir le scandale. Je vois mes parents, la souffrance de mes proches. Une vraie crise de panique silencieuse. Le film se déroule dans ma tête, impossible de me rassurer, ces quinze milligrammes donnés sans autorisation vont mettre le feu aux poudres. Ils pensent que j'ai fait quelque chose de grave ce dimanche. S'ils savaient !

Je me sens coupable, coupable. Et pourtant certaine que je ne suis pour rien dans le décès de cet homme. Mais il n'y a plus de logique en moi à cet instant.

J'ai peur de ma grande peur, de ce terrible secret.

« Christine, vous devez vous douter de ce qui se passe ? Vous devinez pourquoi vous êtes ici ? »

Il me répète que l'hôpital a des doutes, me reparle d'euthanasie. Cette fois, ma vie est vraiment fichue.

Je baisse la tête, sans mot dire.

« Vous comprendrez que je ne peux pas en rester là. J'ai donc envoyé ce matin même une lettre au parquet de Versailles pour l'informer des doutes qui pèsent sur vous. Il y aura une enquête interne, évidemment. »

Je ne dis toujours rien, ne me défends pas. Bloquée.

Il m'annonce que je vais pour l'instant être changée de service, que l'on va m'y conduire immédiatement. J'ai l'interdiction de dire quoi que ce soit à qui que ce soit. Ni dans l'hôpital ni à l'extérieur. Je ne dois strictement parler à personne. Il le répète avec insistance. Je n'ai même pas le droit de retourner dans mon service et de contacter mes anciennes collègues. Pour la suite, il verra...

Je suis toujours incapable de parler, ni de dire « c'est vrai », ni « ce n'est pas vrai ». Physiquement, il m'est impossible d'ouvrir la bouche. J'ai la gorge sèche, les jambes qui tremblent, car je suis coupable.

Impossible de me défendre, puisque je suis coupable de toute façon, je le sais bien.

Mon silence est une fuite et une défense stupide, mais la seule à ma disposition. L'entretien est clos sur cette phrase assassine :

« Si tout ce qu'on m'a dit sur vous est vrai, Christine, je n'aimerais vraiment pas être à votre place ! »

Tout « ce qu'on » lui a dit ? Qui ?

J'imagine le pire du pire pour moi. Pourtant ce n'est pas possible, personne n'a pu me voir, je n'ai rien fait qu'on puisse matériellement prouver, non, personne n'a pu me voir.

Dimanche, personne n'a pu me voir non plus. Personne, personne, j'en suis sûre ! Convaincue. D'ailleurs je ne me suis même pas cachée, j'ai fait ce que j'avais décidé de faire, sans inquiétude particulière. J'ai pris le produit, jeté l'emballage dans la poubelle, et je l'ai mis dans la perfusion, c'est tout.

Simplement, je n'en ai pas parlé.

Alors pourquoi ? Qui m'accuse précisément ? Je ne m'attarde pas sur la question, et peu importe finalement, le monde s'effondre, ma vocation d'infirmière, mon obstination à travailler pour le devenir depuis mon plus jeune âge, tout va disparaître sous cette accusation infamante.

C'est la catastrophe, le scandale est imminent. Comme je vais devoir me taire, on va me mettre les pires choses sur le dos et me renvoyer.

Ils sont persuadés de la véracité de leurs accusations. Le décès de ce patient, que je n'ai pas provoqué, va leur servir de base pour ruiner ma vie.

Je repense à une erreur précédente. Heureusement sans conséquence. Un malade était arrivé en urgence, on nous avait fait poser une seringue de morphine. C'est moi qui l'ai posée, et je me suis trompée sur le bouton de débit. Au lieu de délivrer un millilitre/heure, le patient a reçu 2 millilitres/heure de morphine. Je ne m'en étais pas aperçue évidemment. Mais, le lendemain, ma collègue me l'a fait remarquer :

« Dis donc, hier t'as fait une connerie, tu t'es trompée de débit, t'as vu ?

– Mais non, j'ai mis 2... »

C'est en disant le chiffre que soudain j'ai compris. Effectivement, je m'étais trompée. Ce malade cancéreux était en fin de vie, il est décédé plus d'une semaine après et je n'y étais absolument pour rien, je n'étais pas de service, d'ailleurs.

Voilà, j'ai fait quelques erreurs professionnelles dans ma vie en trois ans de métier, et ces erreurs, qui sont vraiment des erreurs ou des bêtises, vont leur permettre de m'accuser solidement du reste. Car ils refuseront de les considérer comme telles.

Une seconde d'inattention un jour d'urgence, une décision prise sans l'accord du médecin, je suis soupçonnable à merci.

Ils vont vouloir m'arracher mon secret, et ça, je ne peux pas le supporter. Personne ne me fera dire ce que j'ai promis de taire.

Me voilà rejetée, honnie, j'ai fait tout mon possible pour m'intégrer à cette équipe, je n'y suis pas parvenue.

Car, je le sais bien, dans ce service j'ai la réputation d'être intransigeante. Je n'ai pas toujours d'excellents rapports avec mes collègues, on me trouve en général trop impliquée, trop proche des malades, trop exigeante sur le respect qu'on leur doit. Je suis le genre d'infirmière qui ne papote pas pendant un quart d'heure dans les couloirs. Qui fait remarquer gentiment à l'aide-soignante qu'un patient a sonné depuis longtemps ou que la famille demande de l'aide pour le changer. Souvent j'ai fait ce travail moi-même. Souvent j'ai aidé à habiller les patients décédés, j'ai toujours estimé que c'était aussi mon rôle, que je pouvais aider de plusieurs façons. En organisant mieux les choses, en ne comptant ni mon temps ni ma peine. Je me donnais tout entière à ce métier. Ma vocation.

Mais j'ai déjà entendu dire dans mon dos :

« Elle fait ch... celle-là, elle se croit parfaite ! Elle croit qu'elle est la seule infirmière au monde ? »

Plus précisément, on me trouve trop présente auprès des mourants.

C'est même devenu une plaisanterie de mauvais goût, des petites phrases... Si un malade n'était vraiment pas bien, que la fin soit proche, la réflexion du médecin, des infirmières, des aides-soignantes, c'était :

« Tiens, Christine est là, on est tranquilles, c'est pour cet après-midi ! »

Et il s'est avéré que parfois c'était vrai. Des malades qui allaient mal depuis trois jours, qui « traînaient » comme on dit, décédaient ce jour-là comme s'ils m'avaient attendue.

J'avais parfois une sorte de pressentiment, en arrivant dans le service, il m'est souvent arrivé de dire aux transmissions :

« Je le sens, ça va être pour nous, on va y avoir droit, je sens qu'il ou elle va décéder. »

Et ça arrivait ! Et comme j'essaie d'être présente, à l'écoute, j'ai souvent tenu la main de celui ou celle qui s'en allait. Je fais toujours mon possible pour qu'un patient ne meure pas seul. Il y a longtemps que j'en ai fait une éthique personnelle, j'y pensais déjà durant mes études. C'est horrible de mourir seul dans un hôpital, sans les siens, sans amour ni tendresse, sans accompagnement, dans la dernière solitude du monde des vivants. Ce décalage entre la vie, l'agitation de l'hôpital et la mort seul dans une chambre, cette forme d'indifférence convenue, je ne les supporte pas.

Je donne aux patients, aux miens ou aux autres, ce que je voudrais que l'on me donne à cet instant. Une présence, quelqu'un qui recueille une dernière plainte, un dernier mot, même un dernier silence. Une dignité pour l'être qui part. La mort est mon ennemie. Je la regarde en face, même et surtout si elle me fait peur. La mienne ne me fait pas peur.

J'ai décidé de mourir. La décision s'est imposée à mon esprit comme une évidence, la seule issue. Mourir, d'une façon ou d'une autre.

Le directeur m'a dit que je devais changer de service. J'appartiens encore à l'hôpital. Je marche dans les couloirs comme un zombie, je monte prendre mes affaires, mon sac, et vider mon vestiaire. Je ne parle à personne. L'infirmière générale s'adresse à moi : Si j'ai besoin de lui " en " parler, de dire quelque chose, elle est là, à ma disposition. Je réponds :

« Merci, ça va. »

C'est curieux, j'ai la sensation de l'avoir entendue sans l'entendre, et ça m'est égal. Je ne parlerai à personne, ma sœur me surnomme « la grande muette ». Je ne parle qu'à ma conscience professionnelle, et en silence toujours. Car ce que j'ai vécu ces deux dernières années n'est pas partageable, et ne regarde personne d'autre que moi.

« Nous allons descendre dans votre nouveau service. »

Elle m'emmène à l'étage des consultations et me présente à la surveillante que j'ai déjà eu l'occasion de rencontrer. Nous avons travaillé ensemble sur un projet, je l'ai vue certains week-ends où elle était de garde. L'autre lui dit :

« Voilà, Christine change de service, elle va être avec toi un certain temps, on ne sait pas combien de temps, ne me demande pas pourquoi elle est là, on ne te le dira pas. Ne lui pose pas de questions, elle ne t'en parlera pas non plus. On a décidé qu'elle changerait de service, donc elle vient chez toi. Tu l'as en plus de ton effectif, mais ne cherche pas à savoir. »

Ma nouvelle surveillante dit alors quelque chose qui me procure un réconfort amer et fugitif :

« Il y a longtemps que je t'avais repérée, tu es une bonne infirmière, je suis contente de t'avoir dans mon équipe. »

Une bonne infirmière, on me l'a souvent dit. Mais ça ne change rien, ma décision est prise depuis que je suis sortie du bureau du directeur. Je vais mourir.

Elle me montre les locaux, me donne mon planning, demande mes souhaits de vacances d'été. Je réponds platement :

« J'avais prévu de les prendre quinze jours avant mon mariage, j'aurais aimé le mois d'août en entier, mais ce n'était pas possible. »

Elle peut mettre n'importe quoi. Elle me parle encore, j'entends, j'écoute, mais dans ma tête il y a toujours l'idée fixe : « Je m'en vais, je vous quitte, je meurs ce soir. »

Reste à déterminer comment mourir, alors tout y passe avec une étrange précision, comme si j'imaginais des scènes de film. Me jeter du toit de l'hôpital, trop moche, trop laid. Prendre la voiture, aller me larguer dans la Seine, mais la voiture n'est pas la mienne, c'est celle de Cédric... Me sectionner les veines... ou avaler des médicaments ou les deux à la fois... Tout le reste de la journée, je ne pense qu'à ça, à ma vie qui prend fin. Des images défilent, mon coup de foudre pour Cédric, les bons moments passés avec des copines, les amis, mes parents, tout ça défile en continu. Et ma petite sœur que j'aime, qui va se marier dans quelques mois : je n'y serai pas.

Toutes les belles choses auxquelles je n'assisterai plus, toutes les personnes que j'aime et ne verrai plus me traversent l'esprit, comme si je leur envoyais un dernier hommage, une dernière pensée, un adieu collectif à ma vie avec elles. Je suis déjà ailleurs, et elles ne le savent pas. Je marche, je bouge, j'accomplis des gestes automatiques, complètement figée sur l'idée fixe que je suis en train de vivre mes dernières heures sur la terre.

En consultation, les horaires ne sont pas les mêmes que dans mon service, on finit à 5 heures du soir.

Il est donc 5 heures. Comment faire ? Je vais rentrer à la maison, Cédric sera là. D'habitude je rentre à 9 heures du soir, il va quand même se poser des questions, que lui dire ? Je suis incapable d'aller me cacher je ne sais où jusqu'à l'heure habituelle, je suis lasse et, d'ailleurs, n'ai nulle part où aller.

Il est vrai que je suis fatiguée depuis quelque temps, je me servirai donc de ce prétexte pour justifier mon retour dans l'après-midi.

La voiture au parking, mettre le contact, rouler, franchir des carrefours, m'arrêter aux feux rouges, faire ce que font les vivants, vivre cette dernière soirée de printemps en habitude acquise et en réflexes, c'est bizarre, alors que je me sens déjà morte !

Comme je m'y attendais, Cédric s'étonne de me voir rentrer si tôt et j'invente un gros mensonge.

« Tu sais que j'ai du temps à récupérer tellement j'ai accumulé les heures supplémentaires ces dernières semaines. Et comme nous étions suffisamment en nombre aujourd'hui, j'ai demandé à partir plus tôt, la surveillante a bien voulu... Pour une fois, ce soir, on va dîner ensemble ! C'est super ! »

J'arrive à parler comme ça, naturellement, sans pleurer ni défaillir, je m'entends parler, je me sens agir, j'ai conservé la mécanique du langage et des choses à dire dans une situation donnée. Je vaque à mes occupations, donne à manger au chat, réponds à Cédric, ouvre et ferme des placards, je veux être comme d'habitude, ne rien laisser transparaître. Et je suis déjà au-delà du réel.

Je vais sûrement très mal, peut-être que si Cédric s'en rendait compte, s'il posait une question... mais nous ne parlons jamais de mon travail. Je suis une infirmière qui assume, solide, courageuse, je n'évoque jamais devant lui ou qui que ce soit cette souffrance que je côtoie tous les jours. D'une part, le secret professionnel, d'autre part, cette culpabilité que je traîne comme une seconde nature. Si invisible que personne ne s'en rend compte. On m'accuse à tort aujourd'hui pour des erreurs sans grande importance, et sans connaître ma vérité. La seule qui compte. C'est pour elle que je vais mourir.

Ma décision me sert de soutien depuis le début de l'après-midi, c'est elle qui m'aide à tenir debout. Ma volonté de silence également.

Cédric est fatigué par sa journée de travail, il décide de se reposer une heure avant le repas. Il va s'allonger dans notre chambre. J'en profite pour aller dans le coin-bureau écrire deux lettres. Une lettre pour lui dire que je l'aime, que je l'ai toujours aimé, que l'on m'accuse de choses que je n'ai pas commises et que c'est plus fort que moi, je ne peux pas l'accepter. Même si je l'aime, je dois mettre fin à mes jours. Et puis j'écris une lettre à l'équipe, expliquant que j'ai aimé mon métier, toujours fait de mon mieux pour mes malades, et pour essayer d'être agréable avec elles aussi, d'être à la hauteur, que je ne suis pas une garce, que j'ai vraiment aimé ce que j'ai fait et que je ne suis pas responsable de ce dont on m'accuse, mais qu'il est trop dur pour moi de le supporter et que je m'en vais.

Dans la lettre à Cédric, je glisse un petit mot destiné à ma sœur Céline, je lui souhaite tout le bonheur du monde. Je mets pour elle dans une enveloppe le collier que Cédric m'a offert à Noël et que j'avais promis de lui prêter pour son mariage, et je lui demande de le porter en souvenir.

Je veux laisser une image de moi, telle que je suis, celle que j'ai toujours montrée. Je veux qu'ils m'aiment encore même quand je serai morte. Qu'ils ne croient pas ce qu'on leur dira sur moi ! Qu'ils sachent que j'ai toujours tout fait avec mon cœur, avec amour, j'ai donné tout ce que je pouvais donner. Je ne veux pas qu'ils aient de doutes, je ne veux surtout pas que quiconque puisse douter de ma foi absolue dans ce métier, de mon dévouement à mes malades, je veux qu'ils sachent après ma mort que, ce que j'ai pu faire, je l'ai fait sincèrement, dans la souffrance et la compassion.

Je fais le compte de tous les médicaments à ma disposition, sans trop savoir comment m'y prendre, les avaler, me coucher près de Cédric et m'endormir ? J'ai peur qu'il ne s'aperçoive que je dors trop ou bizarrement et ne me secoue. Je cache les pilules sous le lit. J'en ai suffisamment.

Lorsque j'ai connu Cédric, il prenait des tranquillisants, mais depuis que nous vivons ensemble, qu'il a retrouvé le bonheur, il n'en prend plus. Il y avait encore cinq ou six boîtes de L... en réserve. J'ai aussi mes propres médicaments. Un diurétique que je ne prends pas systématiquement, il m'en reste donc beaucoup. J'ai aussi du potassium ; comme j'étais au régime, le médecin m'a donné des compléments vitaminés, du magnésium et du potassium. Un traitement prévu pour un mois, une bonne quantité. Avec ce mélange je suis certaine d'y arriver. Je jetterai d'avance les emballages dans le vide-ordures, pour qu'il ne sache pas ce que j'ai pris, au cas où il me trouverait trop tôt. Rien ne transparaît de cette détermination dans mon comportement. Le fracas de la journée, la perte de mon monde, la panique, tout s'est cristallisé autour de ma décision. Elle est pure, j'ai choisi la fuite de l'autre côté du miroir en emportant mon secret.

Nous dînons. Cédric dîne, moi je ne peux rien avaler, mais il est fréquent que, le soir, je ne mange pas ou peu, et ça ne le choque pas. Nous passons ainsi un moment de tendresse simple, le dernier.

Il va maintenant se coucher, alors je dis naturellement :

« J'ai envie de prendre un bain, de me délasser un petit peu... »

Je sais que Cédric s'endort très vite. Si je passe une heure ou deux dans le bain, il ne s'inquiétera pas, il s'endormira bien avant. Bonne nuit, Cédric. Adieu.

J'ai fait mon choix, ce sera dans le bain. J'ai le souci de la personne qui va me trouver, et de l'image de mort qu'elle aura de moi. C'est très dur de découvrir brutalement ce qui n'est pas beau à voir, je le sais, je l'ai vécu, j'ai vu tant de gens mourir. Je veux quelque chose qui ne soit pas barbare. Je m'efforce toujours de rendre la mort moins laide.

Pour être sûre d'en finir, j'avais d'abord pris un cutter que j'avais caché dans la salle de bains pour me sectionner les veines. Mais j'ai imaginé le sang dans la baignoire, ce serait atroce pour Cédric. J'ai donc décidé de ne pas m'en servir. J'enfile un maillot de bain une pièce, par pudeur de ce corps qui m'encombre trop souvent. Je ne supporterais pas d'être nue au dernier moment.

Je fais couler un bain et m'applique à avaler tous les médicaments, par petites poignées et avec beaucoup de mal et de haut-le-cœur. Il y en a beaucoup, j'ai du mal à déglutir ce magma et envie de vomir. Pour que le potassium se diffuse plus vite, je l'ai mis directement dans le verre avec de l'eau, c'est infect.

Maintenant je m'installe dans la baignoire d'eau chaude, je m'y endormirai, mon corps glissera lentement sous la surface, et je me noierai assez vite. Ainsi rien de trop laid, rien de choquant. Une mort digne, presque propre.

J'ai connu le cas d'une patiente dépressive qui a pris des médicaments et s'est noyée ainsi. Le médecin avait jugé qu'elle était apte à quitter l'hôpital, et, une fois rentrée chez elle, cette femme s'est suicidée.

J'ai avalé cinq boîtes de L... pour obtenir une dépression respiratoire, au moins deux boîtes de diurétique pour provoquer une insuffisance rénale. Et j'espère que le potassium avalé aura le même effet sur mon cœur que le produit injectable. Normalement, les trois actions réunies ne doivent me laisser aucune chance.

J'ai fermé à clé la porte de la salle de bains, le chat s'est mis à gratter sur le bois, il a l'habitude de me suivre partout, et ne comprend pas pourquoi je l'ai repoussé. Même lui, je ne voulais pas qu'il me voie faire ça. Je glisse dans une torpeur bienfaisante. J'entends encore le léger bruit des griffes de Huba, les petits coups de pattes sur la porte. Comme s'il disait : « Ouvre-moi... ne me laisse pas tout seul ! »

Est-ce qu'il a compris ? Ce chat comprend souvent tant de choses.

Cédric dort, tout est en ordre. Je suis en train de mourir avec mon secret.

Après, je ne sais plus.

2.

Ceux qui ont tenté d'échapper à la vie le savent : la première réaction de celui qui a voulu mourir sans y parvenir est d'en vouloir à la vie d'être récupéré. Inconsciemment, dans les brumes qui noyaient toujours mon cerveau, je voulais encore mourir, m'enfouir sous le drap, le tirer sur ma tête. J'ai souvent vu des malades faire ce geste, tirer le drap pour mourir en dessous, à l'abri de la peur peut-être, ou du regard des autres. Chaque fois, ce mouvement m'avait bouleversée. Ils tiraient le rideau, ne voulaient plus être là.

Ma sœur Céline a pris des notes sur ces premiers jours d'affolement. J'ai pu ainsi reconstituer plus tard ce grand trou noir où j'ai voulu mourir. Il m'a fallu plusieurs jours avant de réaliser que tout allait continuer, que j'avais raté ma fuite, et me retrouvais face à la réalité. Bizarrement, cette réalité était à la fois floue et menaçante. Je ne savais plus pourquoi j'avais voulu disparaître tout en me sentant gravement coupable. Je pleurais sans interruption, recroquevillée sur moi-même, je ne pouvais plus mourir, il était trop tard, c'était fichu.

En lisant les notes de ma sœur, ma profonde culpabilité a redoublé. Je leur avais fait peur, la famille était bouleversée par ce geste de désespoir qu'elle ne pouvait comprendre, puisque je n'avais rien laissé transparaître. Ma décision avait été courageuse, mais pour moi seule car pour eux elle était affreuse.

Nuit du 5 au 6 mai 1998. Cédric téléphone vers 1 heure du matin. Ma sœur est à l'hôpital, elle a fait une tentative de suicide, les pompiers l'ont emmenée. Ils l'ont sortie de la baignoire, réchauffée avec un sèche-cheveux, et ont réussi à lui faire dire à peu près ce qu'elle avait pris.

Il m'explique rapidement qu'elle a laissé une lettre, dans laquelle elle parle d'accusations portées contre elle, et que la vie est trop dure...

Je contacte immédiatement l'hôpital, on me dit qu'elle est en observation, hors de danger. Je mens à nos parents pour ne pas les paniquer, en parlant d'une réaction allergique à des médicaments.

J'imagine l'affolement de Céline, sa colère probablement de n'avoir pas su deviner, sa frustration et les questions qui ont dû tourner dans sa tête. *Pourquoi ne m'a-t-elle rien dit à moi, sa sœur ? Qui lui a fait du mal sans que je le sache ?*

Elle ne pouvait pas savoir, j'ai du mal à me confier, et ces derniers mois c'était encore pire. Je m'étais littéralement bétonnée sur mon métier et les souffrances qu'il avait provoquées en moi. Occulter à tout prix, j'y étais arrivée, du moins je le croyais.

6 mai, 7 heures du matin. Je prends des nouvelles. Christine a fait une insuffisance respiratoire, elle est en réanimation. On me dit de ne pas m'alarmer.

Je parviens à obtenir un entretien téléphonique avec la surveillante de son service. Je me présente et lui demande ce qui s'est passé. Après un long silence, elle dit ne rien pouvoir me révéler. Je lui pose quand même quelques questions, auxquelles elle répond brièvement.

Christine est-elle accusée de faute professionnelle ? Sa tentative de suicide a-t-elle quelque chose à voir avec le décès d'un patient ? Elle dit oui et demande pourquoi je pose cette question. Je lui réponds, que selon moi, ma sœur souffre énormément de l'impuissance qu'elle ressent en tant que membre du personnel soignant de voir mourir ses malades.

C'est tout ce que je sais.

J'ai nié, menti à ma sœur comme à tout le monde. Menti par omission, mais c'est un mensonge quand même. Et, lorsqu'on a commencé à se taire, on est pris dans une spirale, il devient trop difficile de l'admettre. J'ai manqué de confiance en eux, c'est mal. J'étais tenue par le secret professionnel, de toute façon. Dès le début de mon entrée dans ce service, et même à l'école d'infirmières pendant les stages, on nous a inculqué ce respect du malade. Passé les portes de l'hôpital, il faut se taire sur ce que l'on a vécu.

Et lorsque la famille d'un patient décédé demande s'il a souffert – elle le demande toujours –, il faut répondre par la négative même si c'est faux. Rassurer, consoler et dire les mots convenus : « Il n'a rien ressenti, c'est allé très vite, il n'a pas eu le temps de souffrir, il n'était pas seul... »

Moi, si. J'ai tout ressenti et tout souffert. Et j'ai voulu mourir seule.

7 mai 1998, 17 h 45. À ma demande le directeur de l'hôpital me rappelle.

Il m'interroge d'abord sur ma situation familiale : Je suis la sœur de Christine, j'ai un compagnon, j'espère avoir un enfant bientôt. Il tient alors à m'expliquer les motivations de la tentative de suicide de ma sœur, car il me trouve assez forte pour les entendre. Il s'agit, selon lui, d'un appel au secours, et non d'un suicide ! Et cet appel au secours serait la preuve de sa culpabilité. Mais la culpabilité de quoi ?

Il dit ne pas encore accuser Christine, mais que de fortes suspicions d'actes euthanasiques pèsent sur elle. Alerté par le médecin de son service, il a jugé nécessaire d'informer immédiatement le parquet de Versailles. Une enquête est ordonnée. Entre-temps, il a pris la décision de déplacer Christine de service.

Peu à peu le ton de la conversation change, il affirme que ce que ma sœur a fait est très grave. Qu'elle lui est apparue comme un être déséquilibré !

Il a appris par ses collègues qu'elle se rendait à l'inhumation de ses patients décédés. Que, par ailleurs, la vie privée qu'elle s'est choisie en tombant amoureuse d'un ancien malade rencontré à l'hôpital est la preuve d'une volonté maladive et obsessionnelle d'aider les autres ! Christine est, selon lui, une infirmière trop impliquée dans son travail. Paradoxalement, il m'affirme qu'à ses yeux ma sœur est une bonne infirmière.

Cet entretien est pour moi la démonstration que cet homme n'est pas objectif, et que les bruits de couloir de l'hôpital ont certainement influencé son jugement.

Lorsque je demande comment vont se dérouler les choses désormais, il rétorque que, si une enquête la désignait comme responsable, un procès en assises aurait lieu. Il ajoute à cela qu'il sera nécessaire de me montrer forte pour affronter l'avenir.

Ma petite sœur est forte, courageuse. Intrépide parfois. Elle prend mon parti immédiatement et sans attendre. Elle me connaît certainement beaucoup plus que je ne le crois. Il lui arrive de me bousculer, sans craindre de me jeter des vérités en face. J'aimerais parfois avoir sa facilité de parole, son aisance dans la communication avec les autres. Si elle voulait obtenir la vérité de ma part, elle y parviendrait sans doute, mais elle respecte mon silence, même si elle en souffre.

8 mai. J'obtiens des nouvelles de Christine par une infirmière de service. Tout va bien.

Mon compagnon et moi devons nous rendre à Paris, à notre retour le lendemain soir, je file à l'hôpital. Je croise les parents de Cédric mais j'entre seule voir ma sœur. Elle est repliée en boule dans son lit, une perfusion au bras gauche, des appareils autour d'elle, elle pleure sans cesse, en répétant qu'on va la mettre en prison... elle délire un peu. Alors que je tente de la faire parler mieux et davantage, les appareils se mettent à sonner, elle a un malaise, on me demande de sortir. Le réanimateur vient ensuite me rassurer. Christine est hors de danger, mais il faut la placer dans une institution spécialisée. Si nous ne le faisons pas, le directeur de l'hôpital est décidé à agir d'autorité. Il nous conseille aussi de prendre un avocat.

Cédric me fait enfin lire les lettres que ma sœur a laissées. J'en suis malade. Tant de souffrance, tant de silence. Avoir voulu mourir seule sans alerter les êtres qu'elle aime.

J'ai le sentiment cruel mais sincère que la seule chose de bien que cet homme ait faite pour ma sœur a été de la sauver.

Samedi. Christine a été emmenée dans une clinique psychiatrique. On me dit qu'elle a donné son accord pour ce transfert. J'imagine que l'hôpital ne lui a pas laissé le choix.

Je n'ai pas eu le choix en effet, et de toute façon j'avais hâte de sortir de l'hôpital, où je craignais tout le monde à présent. Je voulais dormir et qu'on me fiche la paix, fuir les explications. Ne plus penser. Une vague inquiétude tout de même dans la tête, ils ont peur que je recommence, pas moi. Je n'aurai pas ce courage une seconde fois. Je n'ai plus de courage du tout.

10 mai 1998, 17 h 30. Mon compagnon et moi sommes parvenus à obtenir un rendez-vous par téléphone avec l'une des infirmières du service. Mais, une fois là-bas, ce sont les médecins qui viennent à sa place. On nous « invite » à monter dans la salle de consultation de neurologie, pour un entretien privé.

Il nous est demandé de ne plus chercher désormais à rencontrer des collègues de Christine, elles seraient fort traumatisées par l'affaire qui concerne ma sœur. Par respect pour cette dernière, il ne faut en aucun cas parler de tout cela à qui que ce soit ! La question du respect étant évoquée, je demande s'ils acceptent de transmettre une lettre laissée par Christine à l'intention de ses collègues. Après un moment de silence, on me demande si j'ai cette lettre. Ils veulent la lire avant de la transmettre. Ne l'ayant pas sur moi, je les informe verbalement de son contenu. Apres s'être consultés du regard, les deux représentants de l'hôpital m'avertissent que pour le bon fonctionnement du service il vaut mieux que cette missive n'arrive pas à la connaissance des collègues de Christine, déjà très éprouvées par la situation. On me conseille de ne pas chercher à les contacter, pas plus que les familles des patients comme j'ai essayé de le faire pour comprendre ce qui se passait.

On me renseigne sur la façon « suspecte » de travailler de ma sœur, suspecte à leurs yeux, elle fait preuve de trop d'investissement dans le service. Il est à nouveau question de sa présence aux enterrements des patients décédés, de son projet de mariage, ils la considèrent comme un être anormal.

Alors qu'ils nous priaient à l'instant de ne pas mélanger vie privée et vie professionnelle, lorsque je relatais les motivations personnelles qui ont poussé ma sœur à devenir infirmière, ils tombent eux-mêmes dans ce travers.

Un médecin m'assure qu'il ne juge pas Christine coupable mais s'interroge. Il dit aussi être choqué par ce que Christine a fait (?) mais qu'il l'aimait bien.

L'utilisation du passé témoigne de sa prise de position dès le départ.

Lorsque je le lui fais remarquer, il s'emporte car il « risque de sauter dans cette histoire » (sic).

Nous sortons de cette conversation, mon compagnon et moi, sur les nerfs ! Surtout moi. Je suis très en colère. La tentative de suicide de ma sœur est malheureusement bien réelle et ils la nient. Il faut être bien piètre psychologue pour parler de simple appel au secours. Toute tentative de suicide est un suicide malheureusement.

Sa grande implication dans son métier est en accord avec une vocation d'enfance, dont elle ne s'est jamais départie. Le fait d'assister aux obsèques de certains patients n'a rien d'anormal. D'autres infirmières le font, par respect pour la famille d'un malade qu'elles ont longtemps aidé. C'est courant en province.

Sa vie privée ne les regarde pas, il n'est pas interdit, que je sache, de tomber amoureuse d'un homme en fauteuil roulant. Même si personnellement j'avais espéré un avenir différent pour elle.

Christine est dans une sorte de coma, les yeux ouverts, droguée, pleurant sans cesse, incapable de nous parler. Je tente de rencontrer le psychiatre de la clinique. Je n'obtiens d'être reçue que par le psychiatre de garde à qui je pose immédiatement la question :

« Comment va ma sœur ? Est-ce qu'elle a avoué quelque chose ?

– Elle n'est pas encore en état de parler. Mais on est là pour en juger. »

Juger. Curieux terme dans la bouche d'un médecin. J'aurais préféré « comprendre ».

Nous sortons encore une fois de cet endroit, les nerfs à vif. On l'accuse, on veut la juger d'avance, on la trouve anormale, on l'enferme ici, bourrée de médicaments. Il est vrai que son geste désespéré me déboussole. Tout ce silence aussi avant cette nuit-là, cette détermination à couper les communications. Je prends parti pour elle sans réticence. Toute la famille la soutient. Je connais ma sœur, c'est une passionnée, une idéaliste du métier, et une tombe sur ses emmerdements. Je me demande si on l'a forcée à accepter son internement et l'endroit où on voulait qu'elle soit internée. Je dis à mon compagnon :

« Dès qu'elle ira mieux, on la sort de là ! Qu'ils le veuillent ou non ! »

Je me rongeais de son silence. Je n'arrivais pas à obtenir de détails sur l'accusation portée contre elle, et qu'elle niait de son côté. J'ai ressenti le besoin impérieux d'écrire à cette époque. Je ne pensais pas que cet écrit servirait un jour, mais le besoin de me raconter était de plus en plus fort.

Depuis bientôt quatre semaines, notre entourage vit des moments éprouvants. Christine est à tort accusée d'euthanasie, et aujourd'hui nous ne savons toujours pas par qui, ni même si cette accusation est bien dirigée contre elle.

Tout le monde parle de rétention d'information chez celle qu'il est coutume de nommer la « grande muette », or depuis quelque temps nous faisons nous-mêmes l'expérience du silence, toujours odieux et toujours présent, des consœurs de mon aînée. Nous sommes maintenus dans un non-dit assassin. Les accusations, les informations, tout nous est caché. Le silence tue mais la calomnie aussi. Face à la tension et à la puissance despotique des « petits chefs », Christine a fait le choix de mourir.

Il est extrêmement douloureux de songer qu'une partie de nous souffre au point de faire un choix aussi radical. Le sentiment d'impuissance est aussi fort que la douleur et la colère qui nous font tenir. Tenir pour Christine. Dans ce rude milieu hospitalier, il existe toujours des boucs émissaires. Les infirmières sont trop souvent prisonnières d'une administration inhumaine, et de médecins orgueilleux. L'infirmière est toujours à la mauvaise place. Elle doit essuyer les foudres des patients mécontents (il faut avouer qu'il y a souvent de quoi) et subir les vexations journalières de médecins qui ne supportent pas que l'on puisse mettre leur compétence en doute. Quoi qu'il en soit, celle que l'on qualifie de « technicienne de soins » se retrouve entre le marteau et l'enclume. Elle n'est pas reconnue par les pontes, mais toutes les responsabilités lui incombent. Dans un tel climat professionnel toute personne sensée imaginerait que la fraternité et l'entraide règnent. J'affirme qu'il n'en est rien. En effet, dans cette ambiance, nombreuses sont celles qui choisissent d'adhérer au clan des médecins. Pour mieux régner, ils ont entrepris de diviser leurs forces vives. Ce système qui accuse ma sœur entache l'image d'une profession que je croyais, à tort, uniquement tournée vers les autres. Pour moi, leurs motivations trouvent leur place dans la préservation de leur statut, leur refus de s'engager aux côtés de quelqu'un qui a travaillé de tout son cœur avec eux, pendant trois années.

Les médecins refusent de s'investir dans les relations humaines avec les membres de leur service ou avec leurs malades. Christine est donc « trop humaine ».

Pour moi qui regarde les choses de l'extérieur, les infirmières n'entrent pas toutes dans un cadre idéalement blanc. Le statut de fonctionnaire que leur accorde leur fameux IDE (Infirmière diplômée d'État) fait de certaines d'entre elles des salariées aussi souriantes que des employées des ASSEDIC. L'heure c'est l'heure, hors de question pour celles-là de l'oublier sous prétexte qu'un patient a le mauvais goût de décéder durant le service, l'équipe de relève peut tout aussi bien s'occuper de cet inconvénient.

Il est évident que ce portrait ne s'applique pas à tout le monde, si certains et certaines sont pires que d'autres et jettent une ombre sur l'ensemble de la profession, la grande majorité des soignants agit toujours avec détermination et honneur.

La douleur, l'humiliation et la tourmente que ces gens infligent à ma sœur les font basculer dans le royaume de l'inhumain. Ce qu'ils ont infligé à Christine n'était pas du domaine de la nécessité.

Même si elle a par bonheur raté sa « T.A. », comme ils disent (terminologie médicale signifiant « tentative d'autolyse », ce mot banalise considérablement un geste grave), l'hôpital vient de tuer ma sœur.

Certes, elle est toujours vivante, mais leurs accusations ont fait d'elle une « hors la vie », son existence est suspendue. Nous lui demandons tous de se ressaisir, et de faire face, mais il est évident que plus rien ne sera facile tant que cette histoire ne sera pas éclaircie. Quoi qu'il puisse advenir, je serai toujours là pour elle. Non pas pour jouer les bons Samaritains ou les scouts, mais par amour, par reconnaissance et par souci d'équité. Je me suis souvent impliquée pour des causes qui me semblaient justes, aujourd'hui celle-ci m'apparaît comme telle.

Alors j'irai jusqu'au bout, quoi qu'il m'en coûte...

Juste avant l'accusation du directeur de l'hôpital, ma sœur entrevoyait un bonheur simple qui se profilait déjà. Son union avec Cédric allait se concrétiser dans deux mois. En quittant cet hôpital, la décision de Christine était déjà prise, pour elle la mort était l'unique issue à ce conflit. D'aucuns prétendent que ce suicide est la reconnaissance de sa culpabilité.

Quels sentiments peuvent traverser l'esprit d'une jeune fille dans un moment pareil ? Une jeune fille idéaliste, qui, depuis l'âge de cinq ans, voulait devenir infirmière et voit tout s'écrouler en un éclair ?

Son métier, c'est vrai, n'était pas un simple « gagne-pain » mais une vocation et une véritable profession de foi. J'ai l'intime conviction qu'il est de notre devoir de ne pas juger mais de comprendre pour accepter.

L'administration hospitalière a un pouvoir énorme. La crainte du scandale prédomine. Or, si quoi que ce soit venait entacher l'image de ma sœur, l'image du service en souffrirait !

Ma sœur silencieuse, terrorisée, n'a encore trouvé personne à qui se confier vraiment. Pas même au psychiatre de cette clinique. Elle a tant de mal à se livrer.

Je crains pour elle, sans savoir ce que je crains au juste. Ou plutôt si, qu'elle ne parle jamais.

Céline ressent de la colère, affronte les autres, discute, elle est fort capable de clouer le bec de quelqu'un, et aussi de le lui faire ouvrir. Elle a fait des études de lettres modernes, elle est bien plus ouverte que moi. Elle écrit, s'exprime et se sent libre dans l'existence. Elle était déjà ainsi toute petite. Moi, j'étais une sorte de petite fille modèle bien sage, obéissante, ne salissant jamais ma robe. J'étais très coquette, je ne voulais pas de chocolat parce que « ça salissait », je ne mangeais surtout pas de bananes parce que « ça poissait » les doigts, j'étais toujours impeccable, précautionneuse.

Et maman disait :

« Christine, je la mets blanche le matin et je la récupère blanche le soir ! »

L'été suivant ma naissance, je refusais toute nourriture, sauf du fromage blanc. Ma pauvre mère ne savait plus quoi inventer, elle disait :

« Elle ne veut rien manger ! Rien de rien. S'il y en a une autre, elle pourra faire ce qu'elle veut, même manger avec les doigts ! N'importe quoi, pourvu qu'elle mange. »

Elle s'inquiétait beaucoup trop, le pédiatre avait beau lui assurer que le jour où j'aurais faim je mangerais, car un enfant ne se laisse jamais mourir de faim, elle essayait de me faire avaler toutes sortes de choses. Cette première année de quasi-anorexie est étrange. Je n'en ai jamais eu l'explication.

Lorsque Céline est arrivée, elle a mangé immédiatement de tout et avec ses doigts. Elle sortait du bain et trente secondes après elle était aussi noire qu'un charbonnier. Elle se rebellait, discutait, et finalement faisait à peu près ce qu'elle voulait. Elle était mon contraire. J'en étais un peu jalouse, elle le sait et elle en rit.

Plus grande, je m'escrimais à avoir de bonnes notes à l'école, mais j'étais timide. Je ne me mettais jamais en avant sur la photo de fin d'année, je ne levais pas le doigt la première pour répondre, craignant confusément le regard des autres et leur jugement. À tel point que je ne n'ai jamais oublié ma première bêtise enfantine. J'avais sept ans, j'étais en CP, je travaillais bien, un jour j'ai obtenu un 7/10, au lieu d'un 9 ou d'un 10 comme d'habitude. Rien d'une catastrophe, mais je n'arrivais pas à donner mon cahier porteur d'une note « minable » à signer aux parents. Pourtant ils ne m'avaient jamais grondée ni pour un 7 ni même pour un 5. Je devais simplement bien travailler et faire mes devoirs. C'est moi qui craignais exagérément de les décevoir. Alors ce jour-là, un vendredi, je m'en souviens parfaitement, j'ai décidé de passer tout le samedi à m'entraîner pour signer mon cahier à la place des parents et éviter de le leur montrer.

Je revois ma chambre d'enfant, le bureau où je me suis installée, les tas de brouillons pour essayer d'abord la signature de papa, trop compliquée, puis celle de maman, un peu floue, sans grande précision, où le nom de famille apparaît en entier. Je m'entraînais avec obstination. Et j'avais terriblement peur, autant de montrer mon cahier que du résultat de mon « faux » à l'école. Effectivement, il n'a convaincu personne. Le lundi matin, la maîtresse l'a remarqué. D'autres l'avaient sûrement fait avant moi !

« C'est quoi, cette signature, Christine ? »

Je ne sais pas si j'ai réfléchi à la réponse ou pas :

« Ma maman, elle sait plus signer... »

C'était stupide. Alors la maîtresse a dit :

« Ce n'est pas grave, demande à ta maman de venir me voir à 1 h 30. »

Je suis rentrée à la maison, je devais avoir une attitude coupable, car maman s'en est aperçue ; elle devinait que je lui cachais quelque chose.

« Tu es bizarre, je vais aller voir ta maîtresse. »

Ça tombait bien, je n'avais même pas besoin de lui dire que cette dernière l'avait demandé. À la reprise de la classe, maman s'est donc présentée à l'institutrice en me tenant par la main.

« Christine vous a dit que je voulais vous voir ?

– Non, non, pas du tout, mais j'ai bien vu que ça n'allait pas...

– Son cahier du jour, elle l'a signé à votre place ! »

Et là, j'ai pris une bonne claque ! Maman ne comprenait pas que j'aie pu faire une chose pareille, moi si sage et si obéissante. Elles m'ont reconduite en classe, et j'ai ressenti un terrible sentiment d'humiliation devant les autres enfants.

Je n'ai jamais pu oublier. Cette histoire a été si souvent racontée dans la famille... on me répétait à la moindre occasion :

« Tu te rappelles ce que tu as fait ? Raconte à ta tante ! Raconte à ton oncle... »

Et j'avais honte. Honte de ce que j'avais osé faire. Cette note n'était pas parfaite, mais ma réaction tellement disproportionnée ! J'étais coupable autant de tricherie que de faiblesse. Tout cela pour un 7/10 !

J'ai beaucoup réfléchi plus tard à ce besoin de perfection. Il est possible que, mes parents m'ayant espérée durant onze longues années, je me sois imposé de ne jamais les décevoir, et que cette crainte se soit refermée sur moi. D'où mon acharnement au travail, mon sens du devoir démesuré, et mon manque de confiance en moi.

Je ne parviens pas à parler de tout cela au psychiatre de cette clinique. Il doit penser : Elle ne réfléchit pas, elle ne se pose pas de questions. À mon avis, c'est lui qui ne pose pas les bonnes. C'est son métier de « débloquer » les gens et d'établir une relation de confiance avec eux. S'il était plus humain, moins paralysant, je pourrais parler de ma faiblesse, lui expliquer que je suis impressionnable depuis l'enfance et que, pour compenser, je me donnais des allures autoritaires. Je jouais à la maîtresse d'école, je criais, paraît-il, sur mes poupées, je me rappelle que j'étais dure avec elles. J'étais aussi très possessive avec Céline. On m'a raconté que, toute petite, je la couvais énormément, personne n'avait le droit d'y toucher, c'était ma propriété. Pendant quelque temps, elle a été souvent malade, une infirmière venait lui faire des piqûres à la maison, et j'admirais énormément cette femme, sa façon de faire, sa patience avec ma petite sœur, son souci de ne pas la heurter, de ne pas faire mal. Elle était souriante, efficace, proche des gens, et de plus elle guérissait ma petite sœur. Ma vocation est née sur-le-champ. Je me suis promis de faire comme elle. C'était une véritable vocation, et d'ailleurs je n'en ai jamais dévié. Je ne pensais qu'à cela, me rendre utile et être infirmière un jour.

Je devais pour cela réussir tous mes examens et avoir mon diplôme d'État. Être la meilleure. Perfection là aussi. Mais la perfection est si difficile à atteindre... qu'on ne l'atteint jamais.

Vers l'âge de treize ans, à la puberté, mon physique a commencé à me poser des problèmes. De cela aussi je souffre sans trop le dire. La mignonne petite fille qui ne mangeait pas grand-chose a pris brutalement du poids. Je n'avais pas le sentiment d'y être pour quelque chose ! C'était même injuste. Un médecin m'avait donné un traitement hormonal, car j'étais mal réglée, et j'ai commencé à grossir de plus en plus, mais le médecin ne voulait rien savoir, les hormones étaient obligatoires. Je souffrais parfois tellement du ventre et des reins que j'en étais paralysée. C'était une douleur atroce et il est arrivé que mes parents soient obligés de faire venir le médecin de garde, la nuit, pour calmer les douleurs. Ce mal être a traîné jusqu'à l'âge de seize ans, et pendant ces trois années-là j'ai souffert en permanence de m'entendre dire que j'étais grosse. Comme si c'était ma faute !

J'ai un nez retroussé et on m'appelait « Cochonou ». C'est le genre de sobriquet qui se veut inoffensif, que l'on vous attribue sans méchanceté, mais vous pique comme des aiguilles.

Maman faisait très attention à ce que je mangeais, mais ça ne résolvait pas le problème, et je le vivais encore plus mal. Elle qui se plaignait tant jadis de mon manque d'appétit ! Je me disais parfois : « Christine, quoi que tu fasses, tu déçois ta mère ! »

À l'école, j'avais le don de me trouver des copines qui mesuraient un mètre soixante-dix, pour quarante kilos ! La comparaison était quotidienne.

Vers dix-sept ans, j'ai décidé de suivre avec la mère d'une camarade de classe un célèbre programme américain d'amaigrissement. Un an après, j'avais perdu à peu près dix kilos ! Une victoire !

J'ai retrouvé confiance en moi, je pouvais enfin m'habiller différemment, enfiler la salopette en jean dont je rêvais depuis si longtemps. Mais, hélas, ce bien-être n'a duré que huit mois. J'ai repris du poids lors de mes vacances au Pérou chez une correspondante, ensuite je suis rentrée malade de je ne sais quel virus, et en l'espace de quinze jours j'avais repris cinq kilos, sans rien manger d'autre qu'un yaourt, ou la moitié d'une pomme. Un désastre.

Je ne faisais pas une réelle dépression mais je n'avais pas le moral. Je devais passer le bac en fin d'année, ça m'angoissait énormément, il était la clé de ma réussite et je ne me sentais pas prête. Avec cette longue période de maladie j'avais manqué trop de cours.

Le décès de ma grand-mère est survenu la même année. Je l'adorais, j'ai longtemps pleuré. J'en pleure encore en l'évoquant. Elle était tout pour moi. Un refuge, une conteuse d'histoires, un monument de tendresse permanente. Elle avait quatre-vingt-trois ans et bien d'autres petits-enfants, mais j'avais une relation privilégiée avec elle. Le jour de sa mort, prise d'un pressentiment subit, j'ai séché le lycée. Je suis partie à vélo, j'ai foncé jusqu'à la maison de retraite, je sentais qu'elle allait mourir, elle ne serait plus là à Noël, et il fallait que je la revoie une dernière fois. Ma grand-mère avait une tumeur au cerveau, elle avait perdu son indépendance, son autonomie, elle était allée quelque temps vivre chez certains de ses enfants. Ensuite, il a fallu prendre la décision du moyen séjour en hôpital, puis de la maison de retraite. Elle était horrible, cette maison de retraite, et heureusement elle n'y est pas restée longtemps. Les derniers temps, elle revivait dans sa pauvre tête la guerre mondiale et les bombardements. Le présent avait disparu, elle l'avait perdu pendant son hospitalisation. Elle croyait que l'un de ses fils était dissimulé sous son lit, il devait « faire attention à cause des Allemands qui passaient dans le couloir ». Elle le cachait, le protégeait. C'était dur de la voir ainsi dérailler, de l'entendre revivre dans le désordre tous les drames passés.

Ce jour-là, en pédalant comme une folle, les oreilles gelées et la trouille au ventre, je me disais : « Si je ne vais pas la voir aujourd'hui, je ne la reverrai pas vivante, je ne la reverrai pas tout court. Je ne veux pas qu'elle s'en aille sans que je sois là. »

Le soir même, elle est morte. Le pressentiment qui m'avait poussée à courir la voir, à sécher mes cours tellement j'étais certaine que je ne la reverrais plus, c'était ma première expérience de la mort. Elle a été grave, importante. J'y ai souvent repensé à l'hôpital. J'ai eu ce pressentiment avec certains malades, l'idée qu'ils m'attendaient pour mourir. Comme s'ils m'avaient choisie ? Et le même sentiment du devoir d'être présente, de ne pas les laisser s'en aller seuls. Il n'y a rien de surnaturel à cela, je pense simplement que je leur portais plus d'attention que les autres, donc je devinais avant eux qu'ils allaient nous quitter. Au fond, chaque mourant était un peu ma grand-mère.

L'année de mes dix-huit ans fut donc une sale année pour moi. On m'a opérée d'une cheville après le décès de ma grand-mère, une phlébite a rallongé le temps d'hospitalisation, et finalement j'ai passé mes dix-neuf ans à l'hôpital.

En sortant de là, je n'avais pas le droit de mettre le pied par terre. Tous les matins, j'étais en rééducation. Cela a duré trois mois. L'année scolaire me semblait fichue, je pouvais faire une croix sur mon bac. J'étais sûre de ne pas l'avoir.

J'ai vu un médecin pour maigrir, trouvé un travail pour gagner un peu d'argent pour les vacances, et présenté le bac en septembre sans grande conviction. Évidemment, je l'ai raté. L'année suivante, j'ai

« bossé » comme une malade, avec de bons résultats, et j'ai raté une nouvelle fois ! J'ai ressenti cette fois un terrible sentiment d'injustice, notamment à cause de ma copie d'histoire. C'était un sujet sur de Gaulle, et mon professeur avait trouvé que la copie n'était pas mal du tout. Mais elle nous avait certainement inculqué ses idées personnelles sur le sujet. Même sur le grand sauveur de la France, il fallait dire toute la vérité.

Je suis sûre d'être tombée sur un correcteur hyper-gaulliste ! J'ai eu 2. J'étais si frustrée que j'ai demandé à récupérer ma copie, on ne l'a pas retrouvée. J'étais complètement découragée. Je venais d'obtenir le concours d'entrée à l'école d'infirmières, mais sans le bac, je ne pouvais y entrer ! Si j'avais eu seulement 5 en histoire, je passais. Alors j'ai décidé de ne plus retourner au lycée, et de m'inscrire au CNED pour repasser le bac par correspondance. J'ai travaillé en même temps comme intérimaire chez Renault, puis on m'a gardée au secrétariat informatique. J'étais là aussi une bonne employée.

Je me suis plongée dans le monde du travail et des adultes, j'avais grandi, je prenais conscience réellement de ma personne, je voulais toujours maigrir, je faisais de la mésothérapie, de l'acupuncture, j'avalais courageusement toutes les cochonneries que le médecin me disait d'avaler ! Ces hormones, ces substituts de repas allaient me détraquer définitivement, mais j'étais contente de maigrir. J'ai repassé mon bac et représenté le concours d'infirmière, et j'ai eu les deux ! J'allais enfin entrer à l'école d'infirmières ! Et je me trouvais presque jolie ! Ce n'était pas la perfection, je n'étais pas svelte, je pesais à peu près soixante kilos, pour un mètre cinquante-cinq, mais je n'étais pas énorme. Donc je ne me détestais plus et, sans m'aimer réellement, je me trouvais normale. À cette époque je « sortais » avec quelqu'un, comme toutes les jeunes filles de mon âge.

Et surtout j'allais enfin plonger dans mon rêve de toujours, le vœu de mon enfance devenait réalité. J'avais cependant très peur de ne pas réussir l'examen final, celui du diplôme. Pourtant, sur une scolarité de trois ans je n'ai eu qu'une seule note en dessous de la moyenne, un 9/20. Je travaillais d'arrache-pied, potassais, m'informais sur tout ce qui passait à ma portée.

Durant ces trois années d'études, j'ai pris trente kilos de stress et d'angoisse ! Je pesais donc quatre-vingt-dix kilos, et je ne mangeais même pas ! En tout cas, pas assez. Un endocrinologue m'a confirmé l'existence d'un dérèglement hormonal que l'on ne pouvait malheureusement pas traiter, je devais absolument me nourrir correctement, et je n'avais pas faim.

Je sais aujourd'hui que je me nourrissais d'autre chose ! De ma passion des autres, de cette volonté de faire de ma vie d'infirmière une profession de foi.

Avec mes quatre-vingt-dix kilos et mon diplôme d'État, je suis sortie major de promotion. J'étais une boule énorme, mais j'avais « mon » diplôme. Quelqu'un m'a dit un jour que je l'avais lourdement payée, cette réussite. C'est cruel mais vrai.

J'avais toujours été attirée par l'humanitaire, j'ai donc décidé de faire mon mémoire en Afrique. Certaines filles avaient choisi pour sujet de mémoire les soins palliatifs, d'autres la réanimation, ou les urgences. Moi, c'était celui d'infirmière en dispensaire de brousse.

Par chance, j'avais eu deux monitrices qui connaissaient bien l'Afrique, l'une d'elles m'a trouvé un stage chez les sœurs de Saint-Gildas au Burkina-Faso.

Avec une copine qui avait été prise aussi, nous avions écrit pendant un an à tous les laboratoires, récolté auprès des pharmacies des médicaments et des pansements. Un travail de fourmis. Nous sommes parties, en octobre 1993, chargées de deux grosses valises avec très peu de vêtements mais pleines de médicaments.

À Ouagadougou, la capitale, sœur Colette, l'infirmière qui tenait le dispensaire de brousse, était venue nous chercher. Nul besoin de pancarte pour la trouver, quelque chose d'invisible nous a dit : « C'est elle ! »

Pas très grande, les cheveux courts un peu frisés, la cinquantaine gaie, très ouverte. En tenue civile, pas du tout l'air d'une bonne sœur, alors que je m'attendais naïvement à rencontrer une religieuse en cornette !

J'étais partie avec l'idée précise de faire mon mémoire sur place, l'hygiène, la prévention... des grandes théories. Je ne savais pas ce qui m'attendait.

Une fois là-bas, j'ai complètement délaissé mon mémoire ! De temps en temps je me morigénais : « Il faudrait peut-être t'y mettre ! » Mais, dès le premier jour, nous avions proposé de donner un coup de main au dispensaire, et nous avons tout de suite fait partie de l'équipe et vécu comme elle, nous nous sommes réparti les tâches et nous avons appris sur le tas, la meilleure des écoles. C'est un souvenir formidable, j'aimerais y retourner.

Le dispensaire était simple, deux bâtiments en dur recouverts de tôles, quelques cases autour.

Une terrasse couverte avec des bancs servait de salle d'attente. Dans l'entrée principale, le petit bureau de consultation de sœur Colette et un coin pour préparer les injections. Une pièce à pansements, la pharmacie, et une petite pièce de consultation avec une table d'examen. Dehors, une quinzaine de cases d'hospitalisation en terre recouvertes de paille.

Lorsqu'un patient venait de très loin et ne pouvait pas repartir le jour même car il avait encore besoin de soins, il s'installait dans l'une des cases avec sa famille, qui s'occupait de lui et des repas comme au village. Un peu en retrait des cases, un autre bâtiment en dur servait d'hôpital pour les plus contagieux.

L'infirmier africain était en fait le médecin du dispensaire, il avait suivi une formation plus poussée que la nôtre, c'est lui qui faisait les diagnostics et prescrivait les médicaments. Il nous a beaucoup appris. Sœur Colette aussi. Et finalement je ne me suis plongée dans la rédaction de mon mémoire qu'en rentrant en France.

Cette année-là il y avait une épidémie de rougeole qui nous a donné beaucoup de travail. Mais le plus souvent nous avions affaire à des accès de paludisme, à des fièvres très importantes dues à des abcès, à des plaies mal soignées et à des problèmes ophtalmiques. Une chose m'avait choquée en arrivant, c'était la paillasse en ciment carrelée où l'on faisait les injections. Il y avait là des cartons, des boîtes qui n'avaient pas dû servir depuis longtemps, le tout était couvert de toiles d'araignée. Je me suis attaquée au déblayage et au nettoyage à l'eau de Javel.

Tôt le matin, l'infirmier visitait les malades hospitalisés, puis commençait les consultations des patients qui l'attendaient parfois des heures après avoir marché toute une nuit. Ce qui était impressionnant pour une petite infirmière française, c'était de voir ces gens attendre leur tour sagement, sans se lasser, avec des enfants ou non, des malades traînant parfois une fièvre de plus de quarante degrés et ne disant mot. Cette patience, qui n'existe guère chez nous, m'a sidérée au début. En France, dans une salle d'attente de trente personnes, il y en a au moins dix qui rouspètent. Là, c'était chacun son tour, avec le respect des soins et de l'attention qu'on leur apportait. Une grande dignité.

Je pensais à certaines scènes vécues durant mes stages en hôpital, par exemple, un malade qui jetait son pistolet par terre sans précaution. On le ramassait en lui demandant de faire attention, et il nous répondait du tac au tac : « Dites donc, c'est votre boulot ! »

Là-bas, on vous remercie pour un petit médicament qui va faire baisser la fièvre, une goutte de collyre dans l'œil, je trouvais chez eux du respect et du savoir-vivre, de la reconnaissance toute simple.

Je me souviens d'un couple de paysans qui nous a offert une poule pour nous remercier d'être venues travailler depuis la France au dispensaire, avec tous ces médicaments. J'avais mal au cœur devant cette poule qui allait leur manquer. Ils avaient déjà si peu à manger. Mais on m'avait recommandé de ne pas la refuser, car ils l'auraient pris comme un affront. Les sœurs ont dû finir par la manger, cette poule symbolique. Je voudrais pouvoir repartir en Afrique, servir vraiment à quelque chose au lieu d'être dans cette clinique à ne rien faire. Je vis presque sous hypnose, ici.

Par moments, j'ai peur de ne plus jamais pouvoir exercer, que l'on m'enlève mon diplôme.

Que pensent-ils de moi à l'hôpital ? Où en est cette enquête ? Personne ne vient me voir, ils jugent tout d'avance, j'en suis presque sûre. Même mon prochain mariage avec Cédric les dérange. Aurais-je poussé le dévouement jusqu'à tomber amoureuse d'un malade, comme dit le directeur ? M'aime-t-il ? Ou ne suis-je pour lui qu'une garde-malade à vie ? Une infirmière à vie, et non une femme amoureuse ? Avec tous ces médicaments je ne réfléchis pas clairement. Par instants je suis tellement dans le brouillard, privée de ma responsabilité, d'idée claire sur moi-même, sur ce que j'ai fait, et sur ce qu'il faudrait faire ou ne pas faire. Clouée dans le silence d'une vérité que je ne peux pas révéler.

Un soir, je mets les médicaments dans ma bouche devant les infirmières, j'avale de l'eau, elles ne vérifient pas et s'en vont. Je les recrache et les jette à la poubelle. Je dois savoir si je peux m'en passer. De plus, je suis contente d'avoir trompé les infirmières. Minuscule satisfaction d'une professionnelle vivant désormais de l'autre côté de la barricade. Dans mon service, j'étais très attentive à cela. Je vérifiais toujours que la prise était bien avalée, surtout chez les personnes âgées ou un peu délirantes. Je ne partais pas tout de suite, au contraire je leur parlais pour les obliger à me répondre, ce qui provoquait le réflexe d'avaler la pilule. Je voulais que ce moment où l'on est face à sa maladie, devant le médicament qui la représente, et où les doutes vous rongent parfois, que ce moment soit une conversation familière et rassurante, comme à la maison. Une fois, un malade a refusé de prendre sa morphine et pourtant il souffrait. C'est drôle, il me semble qu'il était un peu dans le même état d'esprit que moi dans cette clinique. Il voulait savoir s'il pouvait s'en sortir sans la drogue, contrôler lui-même sa maladie. J'ai dû l'obliger à accepter la morphine, car la souffrance physique est un cercle vicieux et, si on la laisse trop s'installer, il est très difficile de la maîtriser ensuite.

J'étais une bonne infirmière, mes malades me l'ont dit. J'aimais mes malades. J'ai eu pour certains une véritable tendresse.

Je n'ai vécu durant ces trois années en grande partie que pour mon métier, avec la volonté de bien faire, de soulager, d'être efficace et attentive. Cependant, j'avais aussi d'autres activités, heureusement, pour me libérer de ce travail intense. Je faisais du sport, j'allais au cinéma avec des amis, je lisais beaucoup, je faisais de grandes balades. J'avais une vie tout de même normale. Le mot « vocation » fait parfois sourire, mais pour moi il a tout son sens. C'est, je crois, la première décision que j'ai prise réellement seule dans ma vie. Souvent j'agissais trop en fonction de l'autre, de ses besoins ou de ses exigences, pour ne pas contrarier, ne pas déplaire. L'autre décision fut de vouloir mourir.

Aujourd'hui, je me demande si je n'ai pas creusé moi-même la tombe où j'ai failli me retrouver. En allant contre le règlement et les coutumes, en fermant mes oreilles aux critiques du genre : « Elle ne s'intègre pas ... Elle est trop seule... Elle s'implique trop... » En me disant, chaque jour, que le principal était les malades !

Parfois j'en avais marre que l'on me dise de faire ceci comme ça, et cela comme ci... J'aurais eu envie d'un peu plus de liberté, que l'on nous fasse plus confiance au quotidien. Ne pas devoir en référer au médecin sans arrêt, pour un suppositoire ou un cachet en plus. Que les autres filles ne trouvent pas anormal un peu plus de présence humaine et non simplement technique au chevet de certains malades.

Je me souviens d'une jeune femme qui souffrait atrocement de névralgies faciales. On lui donnait de la cortisone et différents traitements pour la calmer, et elle souffrait toujours. Elle était physiquement marquée par cette souffrance atroce.

Un jour, exceptionnellement, j'ai pu faire la visite avec le médecin. C'était important pour moi, je n'en avais jamais le temps. J'ai écouté parler cette femme, dire qu'elle n'en pouvait plus, qu'elle était à bout de résistance. Je l'observais, avec un sourire, pour lui montrer que j'étais attentive à ses propos, que j'étais là avec elle, pour elle.

Et je me suis rendu compte qu'elle avait un vulgaire petit pansement au poignet, quelque chose de bricolé, qui n'avait pas été fait sur place. Apparemment cela n'inquiétait personne. Plus tard, je suis retournée dans sa chambre. Nous avons bavardé, et un certain climat de confiance s'est installé. Elle me parlait de sa douleur mais aussi de sa vie de tous les jours, qui n'était pas facile pour son mari et ses enfants avec toute cette souffrance dont elle les encombrait.

Discrètement, je lui ai demandé :

« Vous avez un vilain pansement, là ? C'est quoi ?

– Oh, c'est rien ! C'est rien ! »

Mais j'avais deviné. Elle avait eu envie de fuir définitivement sa souffrance. J'ai proposé de refaire le pansement, pour voir, être sûre. Elle a refusé que je touche à son poignet. Elle avait compris que j'avais compris.

Alors je n'ai pas insisté, je lui ai donné de quoi le refaire elle-même. Mais je suis restée encore un peu pour qu'elle ait confiance en moi. Qu'elle sache que quelqu'un dans l'hôpital pouvait partager son secret, comprendre sa douleur et son désespoir et les respecter.

Je lui ai fait promettre de pas recommencer. De nous parler, d'exprimer son épuisement lorsqu'elle en ressentirait le besoin.

« Il faut nous parler, nous ne sommes pas là uniquement pour vous donner des médicaments ! Vous retrouverez une vie normale avec votre mari, vos enfants, ils attendent, et nous finirons par le trouver, ce traitement ! Vous verrez ! »

Nous étions un peu amies après cela, j'arrivais à la perfuser, alors que ses veines étaient difficilement perfusables. Elle a été mise sous morphine, et ses douleurs se sont calmées. Elle avait encore des crises durant lesquelles la douleur était importante mais supportable par rapport à ce qu'elle avait enduré.

Je l'ai rencontrée un jour, elle faisait ses courses pour préparer les fêtes. Elle m'a embrassée dans le magasin et elle a dit à maman :

« Votre fille est quelqu'un de formidable, c'est vraiment une infirmière ! »

J'étais heureuse. Infirmière et fière de l'être. Je menais mon chemin comme j'avais toujours voulu le mener, dans le dévouement, l'écoute attentive, je n'étais pas seulement cette silhouette blanche qui passe avec un chariot, délivre des soins techniques et s'en va.

Suicide. Je ne comprenais pas très bien le suicide à cette époque. Je sais maintenant que cette idée peut s'imposer brutalement comme étant l'unique solution et combien la détermination est forte. L'idée devient fixe, elle a sa propre logique de désespoir. Et une fois qu'elle s'est imposée on va jusqu'au bout sans rien dire. On vit ses dernières heures, ses dernières minutes avec une sorte de lucidité et de certitude incroyable.

Lorsqu'on ne réussit pas à disparaître, comme moi, que l'on vous sort du trou noir, on en pleure de déception. D'humiliation aussi.

Je me suis sentie mourir. À un moment, j'ai vu très nettement deux personnages venus me chercher ! Je disais à Céline que sa belle-sœur était là avec ma grand-mère au bout d'un tunnel lumineux, et que j'avais envie de les rejoindre dans cette lumière extraordinaire. Je m'en allais.

Céline m'a dit que lors d'une de ses visites en réanimation, les machines se sont mises à sonner. C'était très certainement à cet instant où je voulais les rejoindre. Et puis la lumière a disparu, je me suis réveillée, j'avais tout raté, même cette lumière de paix.

Céline m'en a parlé la première, j'avais préféré ne rien en dire, je craignais qu'on ne me prenne pour une folle, mais je ne suis pas la seule à avoir eu ce genre de vision. Des patients me l'ont souvent dit avant de mourir, notamment un malade que j'aimais beaucoup. Je savais alors que la fin était imminente.

J'étais donc en vie, peu à peu les éléments sortaient du brouillard de ma cervelle, je comprenais que j'étais dans mon hôpital, chez ceux qui m'accusaient, et je devais manifester de la crainte, car je me souviens de la voix du réanimateur :

« Ne t'inquiète pas, Christine, tu vas partir d'ici, on va t'emmener ailleurs... »

Cédric, lui, ne m'a jamais parlé de la nuit où il m'a trouvée. Je ne sais pas le choc que ça a été pour lui, ni ce qu'il a éprouvé, ni les questions qu'il a dû se poser. Je sais qu'il est venu à l'hôpital, ma sœur me l'a dit, mais j'étais encore dans le coma. J'entends aussi deux voix d'infirmières, elles me sont familières, je ne me souviens pas de ce que disent ces voix. Je me rappelle le bracelet porte-bonheur que ma sœur m'a mise au poignet en me disant que j'en aurais besoin et qu'il serait là pour m'aider. C'est un objet symbolique pour nous, il a appartenu à sa belle-sœur que nous aimions beaucoup, décédée très jeune d'un cancer.

Je suis restée jusqu'au samedi en réanimation, puis on m'a transférée dans cette clinique psychiatrique. J'y suis arrivée complètement droguée, abrutie, incapable de prendre la mesure des choses. Je revois des silhouettes ou j'entends des voix, mais je ne savais pas depuis combien de temps j'étais là. Quand j'ai repris réellement conscience et regardé le calendrier, j'étais restée couchée longtemps dans cette chambre, sans communiquer.

Maintenant on me force à aller prendre mes médicaments dans la salle de soins, et c'est un supplice pour moi de sortir de mon lit, tellement je suis épuisée. Au début, je prenais mes repas seule dans ma chambre ; à présent, je dois me rendre au réfectoire, au milieu des autres.

Le temps qui passe ne s'accroche toujours pas à ma mémoire. Je vis hors de tout, et de moi-même. On m'emmène dans le bureau d'un psychiatre, à qui je ne dis pas grand-chose. Je parle un peu à une psychologue, beaucoup mieux avec une aide-soignante. Mais je parle sans parler, de choses sans grande importance, en tout cas elles ne m'atteignent pas.

Ce qui m'arrive et le pourquoi de ma tentative de suicide, c'est ma sœur qui s'est battue pour les comprendre. J'ai tout nié en bloc, je ne suis coupable de rien et je m'y tiens.

Lorsque Céline m'a rapporté le « verdict » de mon accusateur, « pas de suicide, un appel au secours ! Preuve de culpabilité », ça m'a fait encore plus mal.

Mal aussi, l'espoir déçu qu'une de mes collègues, au moins, m'appelle ou vienne me voir pour me dire : « Tu n'es pas toute seule, on pense à toi... » Rien. Personne de mon équipe n'est venu.

Je suis toujours assommée, avec un traitement de cheval, j'ai la bouche pâteuse, je n'arrive pas à penser, les mots se bousculent, sans parvenir à sortir, je suis un zombie, j'erre... j'erre. Papa dit que je suis une morte vivante ! Que je ne suis plus moi-même, le regard constamment dans le vide sur une autre planète, et silencieuse. Le psychiatre a dû leur demander de venir me voir moins souvent. J'ai besoin d'être seule.

Ma famille attend anxieusement que je récupère et dise enfin ce qui m'est arrivé. Et je me tais sur l'essentiel avec tant de force et de violence que parfois j'en étouffe.

Ici il faut se prendre en charge, cela fait partie de la thérapie, donc il faut que je me force à m'occuper de moi. J'ai des séances de kinésithérapie tous les matins, je vais aussi en ergothérapie. On veut me faire exprimer ce que je ressens par le dessin. Non seulement j'ai horreur du dessin, mais j'ai peur de ce que je vais peut-être trahir. Et je sais que mes dessins vont être étudiés, montrés au psychiatre, au psychologue. On me donne un thème, la mer.

Je gribouille une plage, des rochers, une mer déchaînée, avec un phare comme de l'espoir au fond de ce paysage.

« Pourquoi une mer déchaînée ? » me demande l'ergothérapeute.

Je n'en sais rien.

Je n'arrive pas à comprendre pourquoi le psychiatre veut absolument que je me détache de Cédric et renonce à mon mariage. Il a peut-être raison, mais justement je refuse d'en discuter avec lui, pourquoi dirigerait-il ma vie personnelle ? Par contre, je peux en parler avec l'aide-soignante, avec elle je me sens en confiance. Elle m'aide à réfléchir, à me demander pourquoi je l'aime, si je l'aime vraiment et si je me sens capable d'assumer ce choix toute ma vie.

J'ai pris ma décision de toute façon, même s'il m'arrive parfois de douter, elle est irrévocable. L'engagement que j'ai pris est définitif. Je me dois d'aller jusqu'au bout. Ce serait lâche de renoncer, il a besoin de moi.

L'aide-soignante me répond que je suis jeune, que je devrais penser aussi à moi, de quoi ai-je besoin, moi-même ? Je n'ai pas de réponse à une question aussi directe.

Et comme d'habitude je me dis en silence : « Je ne m'aime pas, je suis grosse, fragile et faible, courageuse uniquement pour les autres. Je ne compte pas. »

Cette femme est comme je voudrais que soient toutes les infirmières et les aides-soignantes. Le matin, elle frappe tout doucement.

« Bonjour, c'est l'heure, il faut se lever. Bien dormi ? »

Elle est attentive, prend le temps de s'attarder un peu, elle ouvre les doubles rideaux. Je me suis toujours mieux entendue avec les aides-soignantes qu'avec les autres infirmières et les médecins. Souvent je faisais le travail avec elles, la toilette des patients, par exemple, mon diplôme ne me servait pas de refuge hautain pour ne pas mettre les mains dans la m... comme je l'ai souvent entendu dire. Un bassin à changer au passage, ou une couche, aider le malade à se lever, à manger. Au fond, je suis une « soignante » en un seul mot. Une « aidante » en un seul mot.

Je vais subir une expertise psychiatrique. Un médecin va venir me voir sur place, et je suis inquiète, je ne suis pas folle, ce n'est pas parce que j'ai voulu me suicider que je suis folle. Tout le monde me rassure, la surveillante, le psychiatre, en m'assurant que c'est une formalité. Finalement l'entretien se passe bien, je raconte ma vie, mon enfance, ma vocation d'infirmière, peu à peu mes craintes s'éloignent. Je peux évoquer le sentiment profond d'impuissance devant la maladie et la mort de ceux que j'ai côtoyés, et mes rapports privilégiés avec certains patients. Et ceux plus difficiles avec l'équipe. Oui, je suis allée à l'enterrement de certains patients. Lorsqu'on a donné le meilleur de soi-même à un malade, que la famille vous remercie et que l'on pleure avec elle, c'est un dernier hommage à rendre au disparu. Oui, j'ai accompagné leur mort, en étant présente, en leur tenant la main, parce que je ne supporte pas que quelqu'un s'en aille seul, démuni de tendresse. Un être humain a parfois des choses à dire avant de quitter ce monde. Je sais que l'on nous a enseigné à nous préserver et à ne pas mélanger vie professionnelle et vie privée. Je crois bien ne pas avoir écouté. Je suis incapable de raccrocher au vestiaire ma blouse blanche et le chagrin rencontré dans la journée.

Le décès d'un patient était un deuil pour moi aussi. Après la lutte, le combat quotidien, lorsque la maladie a raison, c'est un deuxième combat d'accepter la mort.

Non, je ne suis pas si solitaire qu'on veut bien le dire, j'ai des amis, un homme dans ma vie, une famille que j'aime. Oui, je n'avais personne à qui me confier à l'hôpital, parce que les médecins ne sont pas toujours à l'écoute de notre désarroi. Nous vivons avec le non-dit du chagrin, par pudeur, par honte peut-être, même si pour moi il n'y a pas de honte à pleurer et souffrir pour autrui. Combien de fois avons-nous demandé l'aide d'un psychologue, comme dans le service des sidéens ? Pourquoi n'y a-t-il pas chez nous une unité de soins palliatifs, alors qu'on y meurt régulièrement du cancer ? Faut-il mourir de quelque chose de médiatique pour avoir droit à une aide particulière ? Une mort attendue par le patient ou ses proches, par l'équipe soignante elle-même, devrait être accompagnée avec humanité et dignité. C'est si difficile de mourir dignement à l'hôpital.

Nous parlons de ma tentative de suicide, du pourquoi du passage à l'acte.

On m'a accusée de quelque chose que je n'ai pas fait, voilà pourquoi.

Ainsi j'ai donné à cet examinateur de mon âme la même réponse qu'à tout le monde.

La dernière phrase du directeur, celle qui a déclenché ma fuite vers la mort, me revient souvent, lancinante :

« Si tout ce qu'on m'a dit sur vous est vrai, je n'aimerais vraiment pas être à votre place ! »

Un jour, la police va m'entendre comme témoin. Céline a trouvé un avocat, comme on le lui avait conseillé. C'est une femme, et elle m'a rassuré, en me disant que l'entretien avec la police était une procédure normale. Mais que, si l'on parlait de garde à vue, je devrais la prévenir.

Il y a deux mois que je suis dans cette clinique. La police a déjà enquêté, paraît-il, ils ont entendu beaucoup de monde. Je serai la dernière à être entendue.

Il faudra que je sois forte. Je veux être moi-même ce jour-là. Et pourtant j'ai si peur de ce moi-même. De ma faiblesse, de mon état psychologique. De ce que je cache désespérément si intensément, si profondément, que je ne sais même plus en détail ce que j'ai réellement fait.

Ma seule certitude tient en un mot : « promesse ».

Je me tairai donc. J'en renouvelle le serment silencieux.

3.

Il m'arrive encore parfois de penser que tout serait plus simple si je n'étais plus là.

Et pourtant j'ai changé dans cette clinique. Lorsqu'un malade pleure ici, je n'ai plus envie d'aller vers lui comme avant. Les dépressifs me font peur. Mon stage en psychiatrie s'était mal passé durant mes études. Un autiste m'avait frappée si violemment que je ne m'étais pas sentie capable de choisir cette voie. J'aurais pu choisir les urgences, mais dans les urgences il y a la réanimation. Et je craindrais de devoir réanimer quelqu'un pour lui rendre peut-être des conditions de vie atroces.

C'est un rejet personnel, une histoire familiale.

La mort a des milliers d'images, et pourtant elle est souvent la même pour moi. Solitude, abandon, injustice, souffrance, impuissance.

L'une de ces images est restée gravée en moi. C'était pendant mes vacances au Pérou, j'étais dans un car de voyageurs, nous traversions une sorte de banlieue immense et pauvre. Soudain, par la fenêtre, j'ai aperçu un chien mort et abandonné sur le bas-côté. Quelques secondes plus tard, c'était le spectacle horrible d'un enfant certainement mort lui aussi et recroquevillé sur le bas-côté. Le car a poursuivi sa route, personne n'a réagi. J'ai voulu alerter quelqu'un, mais aucun des voyageurs n'a compris, et je me demande même s'ils avaient vu. Quoi qu'il en soit, il n'était pas question de s'arrêter, les vivants passaient leur chemin. Ces deux corps, du chien et de l'enfant, abandonnés, je ne les oublierai jamais. J'étais jeune, je n'avais pas encore mon diplôme, mais je pense que cette image d'abandon et d'indifférence devant la mort, comme devant un spectacle sans importance, m'a confortée dans l'idée qu'il ne fallait jamais passer devant elle sans rien faire. Même si on ne peut objectivement plus rien. À l'hôpital, je m'y suis efforcée. Dans un hôpital, les vivants c'est l'équipe médicale. Elle est là pour soigner, aider à guérir et rendre la vie, mais aussi malheureusement pour recueillir la mort.

Elle est rarement paisible, l'image d'un mourant à l'hôpital. Lorsque l'état d'un patient se dégrade, que l'on entend le médecin dire : « Il est foutu », c'est d'abord l'isolement, la chambre seule, tout le harnachement des techniques de survie. C'est un corps que l'on ballotte, que l'on change de couche, que l'on manipule en attendant qu'il meure. Il a perdu toute autonomie. Quand il est encore conscient, c'est encore plus terrible, même s'il ne souffre plus physiquement. Je sais qu'« il » ou « elle » sait ce qui l'attend. Trop souvent la famille n'est pas là, le fils n'est pas venu, l'épouse n'en peut plus, le mari a si peur qu'il a envie de fuir.

Ou tout simplement l'heure des visites est passée, le soir arrive avec ses fantômes.

Nous ne sommes pas formées à la mort dans les écoles d'infirmières, mais à la vie. Nous sommes là pour nous battre et aider à guérir. Si bien que, pour la plupart des gens, cela paraît bizarre et suspect de vouloir rendre plus paisibles les derniers instants d'un être humain. D'être présent pour le dernier souffle, avec une caresse, une main tenue, une voix qui rassure. C'est à nous aussi de rendre au défunt sa dignité, de l'habiller comme l'a demandé la famille, de prendre le temps d'écouter le chagrin des siens. Et j'ai souvent pleuré avec eux. Pourquoi faudrait-il en avoir honte ? Parce que nous ne sommes pas là pour cela.

Alors on file dans les toilettes, on s'asperge d'eau, on ravale ce chagrin qui n'a pas droit de cité, et on repart à l'assaut, le nez rouge et le cœur serré, en s'efforçant de sourire à l'indifférence des autres.

Parfois j'ai tenu le coup, parfois non. Et rentrée chez moi, le soir, je laissais enfin couler des larmes qui m'étouffaient. Cédric dormait, il n'y avait que le chat pour m'entendre. J'avais quelques amis mais je ne voulais pas leur imposer de tristesse inutile. On ne parle pas de mort dans les dîners entre copains ou au cours des balades du dimanche. On rit, on se jette dans une éphémère légèreté de vivre, jusqu'à la prochaine fois.

Au début, j'avais une peur bleue de la mort. J'étais en fin de première année d'études, nous savions toutes qu'il allait falloir y faire face. Alors, un jour, j'ai essayé d'être courageuse, pour m'habituer. Je suis entrée volontairement dans la chambre où une femme âgée était décédée peu de temps avant. C'était la première fois que j'affrontais un cadavre de près. J'y suis allée seule, j'ai respiré un grand coup avant d'ouvrir la porte.

Cette femme était allongée sur l'un de ces matelas à eau utilisé contre les risques d'escarres. Dès que l'on touche le lit, il bouge légèrement, comme une vague. On a l'impression que le corps est sur un bateau. J'ai été prise d'une peur panique, irrationnelle ! Un effroi de gamine. Comme si elle allait se réveiller, me sauter dessus et m'attraper. Et je suis sortie de la chambre à reculons sans la quitter des yeux pour être sûre d'avoir le temps de hurler si elle faisait le moindre mouvement dans ma direction.

C'était ma « première fois », et je ne me suis pas trouvée très brillante ! J'ai appris au fur et à mesure à affronter ce premier contact. En service ce n'est pas la même chose, lorsque nous approchons d'un corps mort, c'est dans l'immédiat, le corps est encore chaud, pas froid et complètement raide, comme cette pauvre femme qui m'a fait si peur. C'est quelqu'un qui dort, apaisé, c'est un homme ou une femme qui a vécu, et pour moi c'est toujours quelqu'un. Le corps est mort, mais pas l'âme, il me semble. Je n'entends pas le mot « âme » dans un sens religieux ou ésotérique. Pour moi, l'âme de quelqu'un, c'est toute sa vie passée, ses bonheurs et ses souffrances, tout ce qu'il a représenté sur terre.

Au début j'avais encore du mal à toucher les morts. J'ai dû prendre sur moi, car ce n'est pas quelque chose de facile, mais qui fait partie de notre rôle propre. L'infirmière est censée le faire et savoir le faire. Elle délègue souvent ce travail aux aides-soignantes ; pas moi, dans la mesure du possible. D'ailleurs, il ne s'agit que d'une toilette simple et d'un habillage. Une continuité des soins pour moi. Le reste est le travail de la morgue.

Tant que j'étais élève, j'avais le temps de m'occuper pleinement de mes malades, nous en avions trois ou quatre en charge, c'est peu. Mais le jour où j'ai vraiment commencé à travailler, je me suis rendu compte de la folie qui règne dans un service de trente-six ou vingt-huit lits, où l'on est seulement deux, où l'on court en permanence contre le temps. J'ai alors décidé de continuer à me battre pour ce que je crois important, la priorité, le malade. Être à son écoute le plus possible, même si parfois il s'agit d'entrebâiller une porte pour dire : « Ça va ? » On nous répond d'un petit signe de la main, il est en train de lire son journal, ou elle somnole, tout va bien, on ne s'attarde pas, on passe à quelqu'un d'autre. Mais parfois, en passant la tête à la porte d'une chambre, on aperçoit un visage triste, des larmes qui coulent... Il peut s'agir d'une angoisse passagère majorée par l'hospitalisation et qui n'a aucune base réelle, d'une patiente qui sortira guérie dans une semaine mais a peur parce qu'elle a connu quelqu'un qui a souffert de ci ou de ça, et que l'on ne sait jamais si « on » vous a dit la vérité. Si « le truc mauvais » ne vous attend pas tapi quelque part dans votre corps.

Je sais ce que c'est. Moi aussi j'ai craint le pire une fois à l'hôpital, alors que je n'avais que d'horribles migraines. Le malade a très souvent peur qu'on lui cache la vérité. Il dit :

« Je sais bien, vous ne voulez pas me dire ce que c'est, mais moi je sais que j'ai quelque chose de grave.

– Pourquoi vous cacherait-on la vérité ? Il n'y a aucune raison ! Si le médecin vous a dit qu'il n'y avait rien de grave, c'est qu'il n'y a rien de grave !

– Vous pouvez me promettre qu'il n'y a rien de grave ?

– Mais oui ! Je vous assure que vous allez repartir chez vous et en pleine forme ! »

Parfois nous ne savons pas si le malade va s'en sortir... Parfois il ne veut même pas le savoir lui-même. Et parfois aussi il est terriblement lucide.

Dans ce cas, on ne peut pas vraiment mentir sur la difficulté de sa maladie, on ne peut que lui donner de l'espoir et l'aider à se battre, à progresser, et rester vigilante sur ses moments de découragement. Je me souviens d'un patient assez jeune, d'une cinquantaine d'années, qui est arrivé avec la moitié du corps complètement paralysée et une aphasie assez importante. Il avait beaucoup de mal à s'exprimer. C'est difficile d'interpréter le langage de ces malades, malgré l'habitude. Il essaie de vous dire qu'il a soif et n'y arrive pas, il s'énerve qu'on ne comprenne pas, alors on le calme, on reprend tout doucement le problème de zéro, on montre les objets les uns après les autres. Je me suis beaucoup occupée de celui-là. Je ne le lâchais pas, je l'embêtais pour qu'il se batte et récupère.

Cet homme était très entouré par sa femme et ses enfants, c'était dur mais nous arrivions même à en rire. Il a commencé par pouvoir prononcer « m... dme... », pour m'interpeller, et si ce n'était pas encore parfait, nous savions tous les deux qu'il s'adressait à moi. Et puis « M... dme » est devenu « madame ». Une victoire, un mot parmi des milliers d'autres que nous avions récupérés. Puis j'ai compliqué l'histoire, je n'étais pas « madame », mais « mademoiselle », c'était plus difficile. Le jour où il y est arrivé, ce n'était plus « mademoiselle », c'était « Christine » ! Encore plus compliqué ! Et il a fini par dire « Christine ». Une vraie victoire.

Ensuite nous sommes passés par la feuille de papier avec un abécédaire grâce auquel il pouvait reconstituer d'autres mots. Ainsi, petit à petit, nous sommes devenus amis, et nous parlions de l'Afrique qu'il connaissait, nous faisions le compte des progrès quotidiens. Je bavardais avec sa femme, elle me racontait un peu leur vie. J'avais fait mon travail.

Quelqu'un qui quitte un jour le service avec un sourire et vous embrasse, et que l'on espère ne pas revoir à l'hôpital, mais au hasard d'une rue en ville, pour lui dire : « Bonjour, ça va ? », ça fait vraiment du bien.

Les médecins n'ont pas ce genre de familiarité avec les malades, ils n'ont pas le temps, ils passent, ils ont un régiment de lits à voir. Et ils font un peu peur aux patients avec ce pouvoir d'annoncer peut-être une mauvaise nouvelle. La visite est technique, rapide, souvent le malade n'ose même pas dire qu'il a mal, et c'est à nous d'en informer le médecin. Après son passage, c'est encore l'infirmière qui rassemble les bribes d'information, explique, rassure ou calme le patient. Il a les pleins pouvoirs, ce médecin. Le pouvoir de guérison, même si parfois c'est indépendant de sa volonté. Et nous n'avons le pouvoir que de soigner, le plus difficile.

Parfois j'ai l'impression d'avoir vécu plus de morts que de guérisons. L'une de ces morts, particulièrement, m'est longtemps restée en mémoire. Un fait divers atroce. Il y avait six mois à peine que j'étais dans le service.

C'était une vieille dame, atteinte de la maladie d'Alzheimer. Le corps médical avait décidé qu'elle ne pourrait pas rentrer chez elle et qu'il fallait la placer en institution. Et son mari n'acceptait pas cet état de fait, il n'était pas question pour lui de se séparer de sa femme.

Elle était encore un peu consciente, elle pleurait lorsqu'on lui faisait des soins de nursing. Je pense qu'elle se sentait humiliée d'être ainsi à notre charge pour tous ses besoins.

Mais elle ne se battait pas, comme si elle était déjà hors de ce monde, et j'essayais de la motiver. Il fallait qu'elle sorte de son lit, qu'elle aille dans son fauteuil. Je m'entends encore lui dire :

« Si vous voulez rentrer à la maison, il faut faire un effort, ne pas rester comme ça. Allons... secouez-vous ! Un peu de courage ! »

Après, je m'en suis tellement voulu ! Dans la journée son mari est venu la voir comme d'habitude. Il voulait téléphoner. Nous lui avons proposé le téléphone du service, il a insisté pour utiliser la cabine téléphonique. Plus tard, nous avons su qu'il avait appelé sa fille ou sa belle-fille, sans rien dire de ce qu'il s'apprêtait à faire. Sa femme était en train de vivre les derniers instants de sa vie, lui aussi, et personne ne s'en est douté. J'étais dans le bureau des infirmières lorsque j'ai entendu un coup de feu. Pendant quelques secondes, j'ai cru que des gamins tiraient des pétards à l'extérieur... Je suis sortie sur le pas de la porte, prête à intervenir, et j'ai entendu un deuxième coup de feu. Cette fois, j'ai aperçu le chariot des repas du soir dans le couloir et je me suis précipitée pour le débrancher, croyant qu'il y avait un court-circuit. Au troisième coup de feu, j'étais pratiquement à côté de la chambre. J'ai alors entendu le bruit d'un corps qui tombe et je me suis ruée sur la porte.

Elle était couchée sur le lit, et lui affalé par terre. J'ai tout de suite compris, l'arme était près de lui. J'ai appelé au secours, demandé le chariot d'urgence, je suis retournée dans la chambre, elle était morte, deux balles dans la tête. J'ai pris le pouls de son mari, on le percevait encore. Le revolver me gênait pour pouvoir le perfuser, je l'ai jeté plus loin. C'était l'affolement, les réanimateurs s'activaient, il fallait évacuer de la chambre une autre malade qui avait assisté à toute la scène. Nous tentions de réanimer quelqu'un qui venait de tuer sa femme par amour et avait voulu partir avec elle. Nous étions à plusieurs sur ce malheureux, les gestes étaient mécaniques, et je suivais les ordres sans réfléchir, encore sous le choc. Finalement le réanimateur a pris la décision de tout arrêter.

Quelque temps plus tard, je me suis dis : « Heureusement ! Heureusement qu'il est mort comme il l'avait voulu ! Si on avait réanimé cet homme après ce qu'il venait de faire, comment aurait-il pu survivre ? Deux balles pour elle, une pour lui, c'était une décision sans appel. »

Lorsque tout a été fini, la réaction est arrivée, je tremblais tellement que je ne savais pas si j'allais faire une crise de nerfs ou m'effondrer en larmes. En fin de compte, j'ai pleuré. On m'a donné un verre d'eau, je me suis reposée quelques instants dans la salle de soins, et il a fallu se remettre au travail, reprendre les chariots de médicaments, fonctionner normalement, rassurer les visiteurs inquiets, dire qu'il ne s'était rien passé de grave. Le médecin nous avait seulement dit :

« C'est bien, vous avez fait votre travail, mais n'en parlez à personne. »

Le soir, en rentrant chez moi, j'étais vraiment mal. Je me revois blottie sur le canapé, complètement vidée de forces et terrifiée. Pas question d'aller voir des copains pour en discuter, j'étais tenue au secret professionnel. Et ces coups de feu résonnaient sans arrêt dans ma tête, je me sentais vaguement coupable d'avoir un peu morigéné cette femme dans la journée, en l'obligeant à s'asseoir dans son fauteuil, coupable de ne pas avoir deviné, détecté un signe chez cet homme. J'étais peut-être passée à côté de quelque chose de visible, et je m'en voulais. J'aurais donné cher pour ne pas entrer dans cette chambre ce jour-là. C'était le destin, j'étais de service, j'avais vu le sang, la violence du geste était terrible.

Heureusement, ce soir-là, une collègue est venue me chercher pour dîner avec son mari et elle, et nous avons pu échanger un peu nos impressions. Mais elle a mieux supporté cette histoire que moi, et n'y a plus pensé assez rapidement, alors que je suis restée choquée plusieurs mois. Un coup de feu dans un film et c'était l'horreur ! Je me bouchais les oreilles, je pleurais, je revoyais toute la scène que j'avais découverte brutalement en ouvrant cette porte. Longtemps j'ai appréhendé de retourner dans cette chambre. L'image ne me quittait pas.

La direction de l'hôpital nous avait proposé de rencontrer le psychiatre du service des sidéens, si nous en éprouvions le besoin. Je suis la seule à y être allée trois ou quatre fois. Au début, je me suis sentie un peu soulagée de pouvoir raconter, mais je n'ai pas obtenu de vraie réponse sur le geste de cet homme. C'était trop court, et je n'allais pas me distinguer des autres en entreprenant une psychothérapie sur un fait divers exceptionnel. Je voulais aussi essayer d'encaisser le coup comme les autres. Mais, chaque fois que je rentrais dans la chambre, l'image du couple surgissait, brutale, dévastatrice, et la question revenait. Parfois je trouvais cet homme courageux, parfois lâche.

La seule personne qui m'ait aidée à comprendre, c'est la malade sourde qui avait vu la scène se dérouler sous ses yeux, sans pouvoir intervenir. Je suis allée la voir plus tard dans sa chambre. C'est elle qui m'a consolée, en écrivant, puisqu'elle avait du mal à parler, ce qu'elle avait vu :

« Ils se sont embrassés tous les deux, juste avant, et c'était beau. Il ne faut pas avoir de peine pour eux, c'était pour mourir ensemble et ne plus se quitter. Ils s'aimaient sûrement depuis longtemps. On allait lui enlever sa femme, la mettre dans une maison où elle ne serait plus qu'un corps dans un lit. Il ne faut pas avoir peur, il faut comprendre, maintenant ils sont ensemble, c'est ce qu'ils voulaient tous les deux. »

J'étais encore très jeune, je n'avais pas beaucoup d'expérience, six mois de carrière dans ce service et un an et demi à l'hôpital. Longtemps je me suis demandé pourquoi c'était tombé sur moi. Pourquoi étais-je de service ce jour-là ? Pourquoi avais-je ouvert cette porte ? Le destin.

Très vite le fait divers a été oublié, plus personne n'en parlait au travail. On nous avait demandé le secret, qui était de Polichinelle, en fait ; dès le lendemain, la troisième chaîne de télévision en parlait. La police nous a interrogés, j'ai rencontré le fils de ce couple au commissariat. Il s'est excusé, le pauvre homme, que ses parents nous aient imposé cela. Lui aussi devait se sentir coupable de n'avoir pas vu arriver le drame.

Je ne sursaute presque plus aux pétards du 14-Juillet, mais, dans cette clinique où je suis enfermée à la fois comme une malade et comme une « criminelle » en quelque sorte, je revois toutes ces images, je songe à toutes ces morts qui ont jalonné ma carrière trop courte. Prévues, lentes ou exceptionnellement violentes, comme ce double suicide. Je ne peux pas les oublier vraiment. Elles font partie de mon histoire.

Chaque mort est une violence dont je souffre. J'ai honte et je suis en colère lorsque j'entends un médecin dire, à l'annonce d'un décès imminent :

« Je suis bien content de ne pas être de service demain. »

J'ai prié parfois moi aussi pour ne pas être là, mais en silence, par respect. Parce que j'étais à bout d'impuissance, que j'en avais marre de courir toute la journée en faisant des soins à la chaîne. J'avais besoin d'humanité, de passer plus de temps auprès des malades. Chaque fois que nous réclamions des effectifs supplémentaires, nous obtenions la même rengaine en retour. Des promesses, bientôt, un jour... et rien. Pas de cellule de parole, pas de secteur de soins palliatifs, pas de personnel infirmier supplémentaire, et toujours vingt-huit lits pour deux, la course contre le temps.

Le psychiatre que je vois maintenant régulièrement à la clinique cherche certainement à m'aider à faire le point sur moi-même, mais je ne parviens pas à lui parler de l'essentiel. Du lent cheminement inconscient qui m'a conduite à vouloir ma propre mort, peut-être dans la continuité de celles des autres ? Par désespoir ou par orgueil de mon métier ? Je souffrais, j'étais impuissante à dominer cette situation, traquée.

On m'accusait de vouloir prendre en compte la souffrance des autres.

L'histoire d'un patient, en particulier, m'a fait prendre conscience très tôt de cette souffrance.

C'était un homme relativement jeune, une soixantaine d'années, il était suivi dans le service depuis quelques mois pour un cancer du poumon. Sa femme m'avait raconté son histoire médicale. Pour subir une opération banale en clinique, il avait passé une radio pulmonaire de routine, cela fait partie du protocole habituel demandé par l'anesthésiste. Personne ne voit rien de spécial sur cette radio, il est opéré, il sort de clinique et au fil du temps se met à tousser, à cracher, à avoir des difficultés pour respirer, des choses qui inquiètent sa femme et font un peu peur. Le médecin de famille prescrit d'abord des antibiotiques, il est traité pour une bronchite. Mais la toux persiste, alors le médecin lui conseille d'aller voir un pneumologue, de pratiquer éventuellement une fibroscopie des bronches. À l'hôpital, le médecin décide de faire un bilan complet et d'hospitaliser le malade. Il y a évidemment la crainte du cancer. Car dans son interrogatoire le pneumologue a demandé la dernière radio, qui pouvait aider au futur diagnostic. Et il a découvert une petite tache qui n'a alerté personne à l'origine, ce que les médecins nomment dans leur jargon une « pêche » !

Elle était bien visible pourtant, petite, mais elle était là, et personne n'a rien fait. On n'a pas tiré de signal d'alarme, on n'a pas dit à cet homme : « Attention, il y a quelque chose de suspect. »

Lorsque le médecin me montre cette radio, même moi, je ne vois plus que cela, et pour un spécialiste il semble impossible de l'avoir ignorée au départ. Un cancer du poumon couve très longtemps et malheureusement, lorsqu'on le voit à la radio, il est déjà bien souvent trop tard.

Pour essayer de sauver cet homme, il faut d'abord opérer, lui enlever un poumon, ensuite passer à la chimiothérapie. Au fil de l'hospitalisation, sa femme rencontre le médecin, elle connaît parfaitement l'état de son mari. Et cet homme se bat, il a conscience lui aussi de sa maladie, mais ne dit pas toujours les mots révélateurs. Il parle de « sciatique » lorsque les douleurs provoquées par des métastases osseuses le font souffrir. Puis arrive un jour où le traitement oral mis en route contre cette douleur n'est plus suffisant. Désormais, c'est un homme qui souffre terriblement en permanence, qui ne peut plus rester en place et pour qui chaque mouvement est une douleur atroce.

Je ne supportais pas de le voir souffrir à ce point ; lui qui ne s'était jamais plaint, aujourd'hui ne pouvait plus marcher sans gémir. D'autant plus qu'il était victime d'une injustice.

Pourtant il n'avait pas envie de baisser les bras et de se retrouver au lit sans bouger, pour y attendre la fin. Alors il essayait de continuer à vivre, avec sa souffrance, son visage était fermé, crispé sur cette douleur. Il avait terriblement mal au cou, j'ai décidé de lui mettre une minerve pour le maintenir et le soulager.

Arrive un vendredi soir, il souffre trop, je n'ai plus de médecin sous la main, et pas envie d'appeler l'assistant de garde. Je sais qu'il va me prescrire une misère qui le calmera une heure à peine, donc je décide de déranger le médecin chez lui et de lui dire carrément :

« Il souffre, ça ne va pas du tout. Il faut faire quelque chose pour l'aider, c'est inhumain. »

Le pauvre homme parle d'un copain mort depuis longtemps, il dit qu'il voit cet ami et qu'il est près de lui... Je connais maintenant la raison de ce comportement assez courant. Celui qui va mourir voit ceux qui l'attendent. Ou alors il remonte les draps sur lui, ou bien il essaie d'attraper des choses mystérieuses invisibles pour nous. Ce sont des signes qui bien souvent ne trompent pas.

Ce vendredi, le médecin nous prescrit de la morphine, qui le soulage un peu, ensuite je suis obligée de quitter mon service. Le lendemain, samedi, je ne suis pas là, je ne reprendrai que le dimanche, mais pendant toute la soirée à la maison et pendant tout mon jour de repos je ne peux m'empêcher de penser à la souffrance de cet homme. Je l'ai laissé dans un état tel que j'en suis à espérer qu'il ne va pas durer longtemps, et agoniser pendant des jours encore.

Lorsque je suis partie, sa fille et son gendre étaient avec lui. Les pauvres gens étaient malades de le voir souffrir ainsi. Sa fille était au bord de la crise de nerfs.

Et je me mettais à sa place ; si mon père avait dû subir une souffrance pareille, j'aurais réveillé l'hôpital tout entier pour qu'on fasse quelque chose.

Lorsque je suis revenue le dimanche après-midi, on nous a signalé aux transmissions que la morphine avait été augmentée et que cet homme était maintenant dans le coma. Seulement, avant le coma, les deux nuits précédentes s'étaient mal passées, il y avait eu des heurts avec l'équipe de nuit et la famille, vraiment très en colère, était presque prête à porter plainte.

Sa femme m'a raconté ce qu'ils avaient vécu :

« Ils n'ont pas fait attention à lui, il saignait, il se souillait et, si on le changeait, c'était comme un paquet, sans prendre de précaution. Il est resté sale une bonne partie de la nuit, on ne lui a même pas changé sa taie d'oreiller pleine de sang caillé, c'était affreux. Et le plus dur, c'est qu'il souffrait malgré le traitement ! Je voulais absolument que le médecin se déplace, et le médecin de garde ne se trouvait pas à l'hôpital mais à quelques kilomètres, il n'avait pas du tout envie de se déplacer ! Nous avons dû batailler une bonne partie de la nuit. »

Je connais le problème et la réponse classique : « Le traitement contre la douleur a été institué, que voulez-vous que je fasse de plus ? »

Moi, je pense qu'il aurait pu l'augmenter, et qu'il a eu peur, car il savait bien que le malade pouvait s'en aller un peu plus tôt, et comme ce n'était pas son malade...

Dans ce cas, personne ne prend de risque. C'est souvent la nuit, ou le week-end, et trop souvent la galère pour que quelqu'un de « responsable », celui qui a le malade en charge, intervienne directement.

Alors, ce jour-là, la famille s'est vraiment fâchée pour obtenir que le responsable se décide enfin à venir. La pauvre infirmière de nuit s'est trouvée prise dans le conflit entre cette famille en colère, ce qu'elle pouvait comprendre, et le médecin de garde qui renâclait à se déplacer.

Résultat, le malade a souffert inutilement, et le courant passait mal entre l'équipe de nuit et la famille.

Lorsque je suis arrivée ce dimanche, il était enfin calme et dormait dans un semi-coma. Pourquoi lui avoir refusé ce repos pendant quarante-huit heures ? Puisqu'il était en train de mourir, de toute façon ?

Pour ajouter à cela, sa femme m'a raconté qu'une aide-soignante lui avait dit d'une manière trop directe et sans précaution qu'« il faudrait peut-être songer à rapporter les vêtements du patient ».

Elle savait que son mari allait mourir, elle l'espérait inconsciemment, personne n'en pouvant plus, ni le mourant ni sa famille. La fin approchait, mais il vivait encore...

J'imagine parfaitement ce que l'on doit ressentir lorsqu'une aide-soignante vous balance ce genre de phrase :

« Il faudrait peut-être songer à rapporter les vêtements... »

Là, c'est le couperet qui tombe. On ne dit pas les choses ainsi, aussi brutalement. C'est affreux.

Même si chacun sait que la fin est imminente, de grâce ! c'est une méthode qui fait honte.

Il est préférable en effet que les affaires soient déjà dans le service quand survient la fin. Cela nous permet d'habiller la personne décédée très vite et de montrer à la famille quelqu'un de décent. Mais il y a la manière de le dire, même quand il n'y a plus d'espoir. Et c'est à l'infirmière de juger si la chose est supportable à entendre à tel ou tel moment. De plus, c'est à elle de le faire, avec la sensibilité et le tact nécessaires, à moins qu'elle le délègue.

En début d'après-midi, je suis allée voir cet homme juste pour dire : « Bonjour, c'est Christine. »

Il était dans le coma, mais je parle toujours aux malades, même s'ils ne réagissent pas. Je suis persuadée qu'ils perçoivent quelque chose.

Il a ouvert difficilement les yeux et il m'a dit : « C'est fini . »

Ce sont les derniers mots que j'aie entendus de lui. Et durant tout l'après-midi je suis allée très régulièrement dans la chambre lorsque quelqu'un de sa famille m'appelait pour l'aspirer.

Ils me demandaient combien de temps cela allait durer, s'il souffrait.

« Combien de temps, je ne sais pas, mais je ne pense pas qu'il souffre, ça se verrait sur son visage. »

Physiquement, je ne pensais pas qu'il y ait encore une souffrance, peut-être une souffrance intérieure de se sentir gisant sur ce lit et d'attendre. Il m'avait dit : « C'est fini... »

Il est mort en fin d'après-midi, je crois, vers 5 heures ou 6 heures.

J'étais en colère qu'on ait laissé sa femme dans une angoisse pareille. Ce n'était pas à elle de se battre, elle avait assez de soucis, elle était en train de perdre quelqu'un qu'elle aimait, avec qui elle avait partagé plus de trente ans de sa vie. Tant de choses devaient traverser son esprit durant ces heures difficiles, la peur et les souvenirs, l'envie que cette horreur s'arrête et en même temps la culpabilité de cette envie. Ce doit être atroce de penser deux nuits durant : Mais pourvu qu'il parte, qu'il ne souffre plus, que ça ne dure pas, que ce soit rapide !

Nous ne devons pas abandonner celui qui attend devant la souffrance d'un être aimé, nous devons tout faire, nous le personnel médical et paramédical, pour que les derniers instants se passent dignement, de manière que les proches soient présents mais qu'ils n'aient pas d'images de souffrance, qu'ils n'en soient pas réduits à souhaiter que tout s'arrête. Il faut être prévenant, essayer que ce moment tragique et difficile se passe dans les meilleures conditions possibles. Et que le médecin s'implique lui aussi.

Il est médecin parce qu'il l'a décidé, pour guérir, certes, mais il est confronté à la mort parce que nul n'a le choix, c'est une évidence de la vie.

Alors qu'il sorte de son lit ! Qu'il ne se contente pas de répondre : « Qu'est-ce que je peux faire d'autre ? »

Il a de la morphine ? Oui ! Alors qu'il s'en serve ! Cette famille était dans une colère tout à fait compréhensible. Je crois que dans ces moments-là on peut avoir envie de tout renverser sur son passage ! Je ne suis pas violente, mais, à leur place, moi aussi j'aurais eu envie de le sortir de son lit, ce médecin ! Pour le traîner avec sa toute-puissance devant ce lit d'agonisant, devant sa souffrance impardonnable à notre époque. Au moins qu'il s'explique avec cette famille, qu'il dise, si c'est le cas, que la dose de morphine est au maximum et qu'il ne peut pas en donner davantage. C'est à ce moment-là que se pose la vraie question de l'impuissance, des limites atteintes, et c'est là que la famille aurait le droit de dire : « Faites-le quand même, c'est nous qui en prenons la responsabilité. »

Cette forme de non-communication, cette petite phrase qui refuse au téléphone, je n'appelle pas cela accompagner la mort. Ce fut ma première vraie colère.

J'aimais beaucoup ce patient, je trouvais déjà injuste qu'un je ne sais qui quelque part n'ait pas fait son métier de radiologue en repérant son cancer à temps. J'étais en colère après le système, en colère après mes collègues de nuit. Je sais que ce n'est pas facile d'être infirmière de nuit et de décider le médecin à se déplacer, j'ai moi-même été de nuit pendant un an, mais, quitte à se faire engueuler, on n'a pas le droit de laisser souffrir un malade et sa famille de cette façon. Lorsque cet homme est mort, il y avait un an que j'étais dans le service et c'était ma première révolte importante. J'avais déjà vu d'autres malades s'en aller, d'autres souffrances, mais cette fois-là j'ai ressenti un sentiment de colère mêlée d'injustice. En rentrant chez moi le soir, je ruminais : « On ne peut pas laisser faire ça, on n'a pas le droit, il faut qu'on se batte. Nous sommes les plus sensibilisées, les plus proches du malade et de sa famille. Nous sommes en première ligne et, si nous ne nous battons pas pour changer les choses, qui va le faire ? »

Le visage qui se penche sur la souffrance, c'est celui de l'infirmière ou de l'aide-soignante.

Aussi sensible qu'il puisse être, le médecin passe le matin et s'en va. Ce n'est pas lui qui entre quinze fois dans la chambre, répond à la sonnette, et à la souffrance... Il dirige la bataille mais de loin. Il ne peut pas prendre en pleine figure la purulence d'un cancer du poumon en phase terminale. Lorsque le malade parle de la mort à son infirmière, qu'il dit soudain :« Je sais que je suis fichu de toute façon », elle doit avoir le temps de répondre « espoir », et « courage ». Pas forcément cette phrase toute faite prononcée dans l'urgence, que j'ai entendue : « Mais non, voyons, vous êtes en pleine forme ! Ça va aller ! »

Il faut essayer de retourner la question en douceur :

« Vous pensez réellement que c'est fini, que vous n'en sortirez pas ? Ça vous fait peur ? »

Alors le malade peut se confier, se libérer du silence et du doute.

« Oui, j'ai peur de mourir », ou « non, je n'ai pas peur de mourir, mais il y a ma femme, ou mon mari et mes enfants... je pense à eux... »

Bien souvent, à la fin d'une petite conversation, il en arrive de lui-même à une banalité qui le soulage :

« Oh, de toute façon on mourra tous, hein ! »

Et c'est fini, on change de sujet. D'autres fois, c'est un déclic brutal, un décès dans le service qui lui fait peur pour lui-même. Bien souvent, particulièrement en pneumologie, j'ai remarqué des sortes de cycles. Quatre, cinq diagnostics de cancers en même temps. Au début, quand les patients vont bien, que l'espoir est présent pendant le traitement, ils discutent entre eux sans crainte.

« Oh, moi, la chimio, je l'ai bien supportée ! » L'autre dit : « Moi je suis malade, je vomis. »

Et puis il y a l'inévitable, celui qui est parti.

« Au fait, je n'ai pas vu Untel depuis longtemps... »

Alors il faut mentir, dire qu'il est sûrement rentré chez lui et qu'il va mieux.

Ce patient dont je viens de parler, son histoire et mon histoire auprès de lui, je les ai toujours gardées en mémoire. Il était courageux, digne, d'une si grande gentillesse. Nous parlions de football, même si je ne suis pas une fanatique. Je devinais à sa mine le lendemain des matchs, si nous avions gagné ou perdu... Lorsque je lui donnais ses rendez-vous, il demandait toujours si je serais là. Il me faisait le compte rendu des nouvelles du journal local pendant que je préparais les soins. Il rentrait, il repartait, il revenait. Durant presque un an, j'ai été pour lui une sorte de journal intime. Pour sa famille un repère secourable à l'hôpital. Sa maladie et sa mort m'ont peut-être frappée plus qu'il n'était souhaitable. Je ne voulais pas que cela se reproduise.

J'avais un rêve, que partageait à l'époque une de mes collègues. Obtenir une unité de soins palliatifs et pouvoir accéder à cette formation. Pendant mes études, je n'ai eu qu'un seul cours concernant l'accompagnement des mourants, en fin de troisième année.

Il y avait bien à l'hôpital une formation que j'ai réclamée tous les ans, sans l'obtenir. Peu de places et beaucoup de demandes. Or aucune d'entre nous n'est formée à de telles situations lorsqu'elle prend un poste pour la première fois. Nous sommes jeunes, il est normal que nous nous demandions comment réagir le jour où nous serons confrontées à la mort.

J'avais l'espoir d'apprendre comment faire, que dire, quels réflexes et quel comportement adopter. Ne pas être démunie psychologiquement devant la grande question éternelle. La mort d'un malade nous renvoie forcément à la nôtre ou à celles de nos proches. Ne pas en souffrir, ne pas en avoir peur me paraissaient impossibles sans y réfléchir sérieusement.

Je ne m'en sortais pas trop mal instinctivement, mais j'avais espoir d'un petit plus, de quelque chose qui aurait pu m'aider à faire encore mieux. Avec les patients, j'avais toujours le même discours, peut-être y avait-il quelque chose d'autre à répondre ? D'autres choses à entendre dans ce que disent les mourants que les plaintes trop évidentes. J'aurais aimé qu'on me dise, par exemple : Attention, si un malade vous dit bleu, ça veut peut-être dire vert...

J'aurais voulu faire partie de ceux et celles chargés d'accompagner cette souffrance que je redoute tellement, en douceur et professionnellement, avec amour et respect. Sans cela, je me devinais incapable à long terme de me blinder définitivement contre elle, tout en ne voulant pas me l'avouer. J'avais besoin d'appartenir à une équipe soudée, fraternelle et compatissante. Dans ce service, je n'y suis pas arrivée. Je me sentais parfois marginale et, malgré mes efforts, je ne trouvais guère de résonance chez les autres. Alors j'avais l'impression d'être un peu démodée, comme l'étaient les infirmières d'antan, avec parfois aussi le sentiment contradictoire d'être un peu en avance sur certaines. Une infirmière aide sociale proche des gens dans leur globalité. Je m'intéressais à leurs corps malades, mais aussi à eux, à leurs familles, à leurs soucis, à leur confort. Et j'allais jusqu'au bout de tout mon cœur.

Les infirmières, au bout d'un certain temps de carrière, savent se blinder, d'autres l'ont fait dès leurs débuts. Mais je crois que si j'avais dû me blinder un jour, si j'avais perdu cette sensibilité, et cette efficacité d'entraide, à laquelle je crois toujours, j'aurais changé de métier.

De toute façon, où sera mon métier demain ? Je suis suspendue, mise à l'écart, soupçonnée de crime d'euthanasie. J'ai si peur de regarder la réalité en face.

Il faudrait dire la vérité. Mais à qui ? Je ne peux pas, c'est plus fort que moi. Chaque fois que j'essaie de la faire resurgir, elle m'emporte dans un vertige insupportable. Parfois je ne parviens même plus à l'attraper. Je suis là, dans cette clinique pour dépressifs, ce que je suis probablement, et ma famille se pose toujours silencieusement la question de savoir si oui ou non j'ai fait ce que l'on me reproche.

J'ai nié, et j'ai menti. À mes parents, à ma sœur, à Cédric, aux médecins, à mes collègues, il me semble que j'ai menti à la terre entière. Je tiens apparemment debout devant eux, alors que je suis dans un gouffre. Ce mensonge me fait aussi mal que le reste. Il me retient prisonnière.

Je dois pourtant continuer à mentir pour deux raisons, parce que j'en ai fait la promesse et que je suis une hors-la-loi. Je la crains, cette loi, elle ne pourrait pas comprendre. Je ne suis qu'une petite infirmière de vingt-neuf ans, facile à montrer du doigt et à clouer au pilori.

Mais à moi-même, je ne peux pas continuer de mentir. Je dois essayer de mettre de l'ordre dans ce précipice d'angoisse où je me suis perdue, quitte à m'y engloutir.

4.

Il pleurait, il pleurait vraiment. Tout seul, assis sur son lit face à la fenêtre. J'ai ouvert la porte, je savais déjà. C'est dur de regarder un homme pleurer. Bizarrement je supporte mieux une femme qui pleure, peut-être parce que je me sens plus capable de la consoler. Et aussi parce que les femmes pleurent plus facilement que les hommes par une sorte d'habitude intime. Mais l'homme qui pleure est une statue qui brutalement se fissure, un désespoir brut.

Je suis restée là, devant la porte ouverte un court instant, j'aurais peut-être dû la refermer et laisser cet homme malade seul face à son chagrin. Mais je devais lui expliquer les examens qui l'attendaient à présent, c'était mon rôle et nous allions passer du temps ensemble. J'aurais pu, là aussi, me contenter des explications techniques. Mais je suis incapable de ne pas prendre en charge la souffrance morale d'un patient.

Il me regardait en silence, douloureusement, à travers ses larmes, alors je suis entrée, j'ai refermé doucement la porte, et je suis allée m'asseoir près de lui sur son lit. J'ai pris sa main dans la mienne, et nous avons discuté pour la première fois.

« Il y a quelque chose qui ne va pas ? Vous avez vu les médecins ?

– Oui.

– Ils vous ont annoncé quelque chose de grave, c'est ça qui vous fait pleurer ? »

Je savais, moi, que les médecins lui avaient dit ce jour-là leur inquiétude sur le diagnostic. J'attendais de savoir ce qu'il en avait compris lui-même.

« Je sais que c'est grave ce que j'ai.

– Mais non, on ne sait pas tout encore, on n'est pas certain du diagnostic pour l'instant, il y a encore des examens à faire, et puis rien n'est perdu, ce n'est que le début, il y a des traitements, il y a des solutions, tout n'est pas fini, c'est maintenant qu'il faut se battre. Et puis vous n'êtes pas tout seul. Nous sommes là pour vous aider. On va se battre ensemble. »

On, nous... l'entité de l'équipe médicale, une infirmière ne dit jamais « je » et elle dit souvent les mêmes choses aux malades. C'est un peu désespérant de n'avoir toujours que les mêmes formules, les mêmes mots et les mêmes banalités à sa disposition :

« Vous n'êtes pas tout seul. On est là pour vous aider. Tout n'est pas perdu. Rien n'est sûr. On va vous aider. Il faut se battre. »

Il n'y a que le ton qui change selon la personnalité du patient.

Parfois on sent qu'il se laisse complètement aller, alors il va falloir être sèche et lui dire fermement : « Mais non, reprenez vous ! Ce n'est pas fini, et on se bat maintenant ! »

Pour d'autres que l'on devine plus fragiles il faut être plus douce.

Savoir capter la confiance du patient, ça ne s'apprend pas à l'école. Lorsque le premier déclic s'est fait, que l'on a réussi à se faire accepter par lui, on est beaucoup plus libre dans le dialogue.

Même avec un patient venu pour une histoire médicale banale, il faut engager ce dialogue. Ce qui est banal pour nous ne l'est pas pour lui. Il se retrouve à l'hôpital, isolé, privé de ses habitudes, de sa famille, avec tous les soucis que cela suppose. Ce n'est pas parce qu'il vient juste pour une vilaine sinusite qu'il ne faut pas être attentif à sa détresse provisoire. Derrière cette hospitalisation, il y a peut-être tout simplement deux enfants seuls à la maison, des soucis d'argent ou de travail, la préoccupation de l'autre, du mari ou de la femme, qui ne va pas s'en sortir facilement pendant ce temps.

Mais, pour cet homme qui pleurait ce jour-là devant moi, le cas était grave, je le savais déjà. Il était arrivé dans le service totalement autonome, il se débrouillait tout seul, il était d'apparence normale. Hier, il était comme tout le monde ; aujourd'hui, il venait d'apprendre qu'il avait très probablement une tumeur au cerveau.

Il n'imaginait pas encore qu'il allait se dégrader au fil du temps, perdre cette autonomie, que la tumeur allait lentement prendre la place de sa conscience, l'empêcher de marcher ou de parler, de penser ou de manger. Il savait seulement qu'elle allait prendre son temps pour le tuer.

C'est dur de parler à quelqu'un qui a encore une vie normale, une famille normale, et qui progressivement, et il le sait, va se retrouver à la merci des autres, incapable de contrôler son corps, ses gestes et ses désirs.

Je n'arrive pas à m'habituer, à accepter cet état de fait. Un homme va passer de l'adulte bien portant qui pense et agit à l'état de petit enfant emballé dans une couche. Ce n'est plus un être humain, c'est une chose que l'on tourne, qu'on lave, qu'on couche, qu'on borde, qu'on attache entre des barrières pour ne pas qu'il tombe... Qui dit ou fait n'importe quoi, perdu dans un monde qui n'est plus le sien. Lorsqu'il ne s'en rend même plus compte, c'est encore plus désolant.

Je l'ai vécu, lorsque j'étais enfant, avec ma grand-mère : lorsqu'elle racontait des choses anciennes qu'elle associait au présent, lorsque nous perdions le contact, j'avais envie de hurler. Souvent, j'utilisais cette expression un peu enfantine : « C'est trop injuste. » Comme disait Calimero, le petit poussin noir des dessins animés de mon enfance, avec sa coquille sur la tête, et à qui il arrivait toutes les petites misères du monde.

Je regardais cet homme pleurer, avec un profond sentiment d'impuissance.

Il était lucide, il avait toute sa tête, il voulait bien accepter de se battre, de faire le traitement, mais il était perdu. Au début il pleurait en silence, maintenant il sanglotait.

« Ne vous inquiétez pas, il n'y a aucune honte à pleurer, si ça peut vous faire du bien, allez-y, pleurez ! »

J'ai attendu que la crise se calme un peu. Et tout à coup, de but en blanc, il a demandé :

« Vous m'aiderez quand je serai foutu ? Vous ne me laisserez pas tomber ? »

Je ne sais pas si j'ai parfaitement réalisé cette fois-là ce que me demandait cet homme. Compris, sans aucun doute, mais, comme c'était la première fois qu'un patient posait aussi directement la question, j'ai eu un frisson d'inquiétude, et j'ai éludé en silence.

« Je ne veux pas qu'on s'acharne... Vous me promettez de m'aider quand je serai foutu ? »

Cette fois, la question était claire. Je n'ai pas promis verbalement. Je crois me souvenir que j'ai détaillé son visage, son air doux, son regard lucide, je ne sais plus ni son âge ni la couleur de ses cheveux, je me souviens seulement de ce regard. Il s'est accroché au mien, je ne l'ai pas lâché. J'ai pris sa main, il ne m'a pas lâchée. Et je n'ai pas dit non. Ni oui.

Que lui répondre ? Moi aussi, je savais que cette saleté de maladie risquait de le conduire rapidement à la mort. Mais il y avait encore de l'espoir.

« On ne sait pas de quel genre de tumeur il s'agit, il ne faut pas se dire battu d'avance. Vous allez vous battre ? C'est promis ? On vous aidera, vous verrez. »

Au bout d'un quart d'heure il n'avait plus de larmes, et moi plus de mots pour le consoler, d'autres malades m'attendaient. Et j'avais une grosse boule dans la gorge.

« Promettez-moi de m'appeler si ça ne va pas.

– Je ne veux pas vous déranger !

– Mais je suis là pourquoi ? Vous ne me dérangez pas ! »

À chaque diagnostic de ce genre, je prenais un coup au cœur. L'une de mes petites-cousines est morte d'une tumeur au cerveau, ma grand-mère aussi, je suis probablement plus sensibilisée à cette maladie. Mais les diagnostics de cancer me font le même effet. Ce n'est pas la maladie en elle-même que je crains, mais la souffrance qu'elle engendre. Et cette souffrance commence dès l'annonce du diagnostic, l'angoisse s'installe comme chez elle, sachant qu'elle va régner, ronger, empêcher de vivre, de dormir.

Cet homme pleurait comme un enfant de cinq ans. C'était insupportable. Sur le moment, il fallait lui faire comprendre qu'il n'était pas tout seul, que rien n'était sûr. Parler des traitements efficaces, des opérations, de la chimiothérapie ou de la radiothérapie. Ce n'était pas le moment de baisser les bras, la bagarre ne faisait que commencer. J'ai utilisé tout l'arsenal du réconfort habituel. C'était un homme doux, d'une grande gentillesse, le genre de malade attachant dont on a envie de s'occuper immédiatement.

Et je suis sortie de cette chambre, la gorge serrée, le poing crispé. En refermant la porte, je suis restée un instant derrière pour respirer un grand coup. Il m'avait bouleversée. Et j'emportais avec moi la petite phrase à laquelle je n'avais pas répondu verbalement, mais dans le secret de mon cœur.

Vous me promettez de m'aider quand je serai foutu ?

Je n'en ai parlé à personne. Je n'avais rien à cacher, c'était une conversation privée, une souffrance personnelle qu'il m'avait confiée. Par respect pour cet homme, je n'allais pas la dévoiler aux autres. J'ai juste dit qu'il était angoissé. Même à l'hôpital il avait le droit d'avoir une vie privée, des sentiments et des peurs intimes.

Un patient m'avait parlé une fois de suicide. Il avait dit :

« Le jour où je serai foutu, je me suiciderai. »

Il avait même ajouté :

« De toute façon, c'est facile de se prendre avec le perroquet. »

Il m'avait fait très peur. D'autant plus que le suicide de ce vieux couple était récent. À l'époque, j'étais encore sous le choc. J'en avais parlé à l'équipe, et nous avions surveillé ce patient de près.

Il y avait une grande différence entre la dangereuse exaltation d'un malade qui menace de se suicider à l'hôpital et la terrible lucidité de cet homme qui se sentait condamné. Il ne refusait pas de commencer par lutter contre la maladie. Il l'a fait d'ailleurs, mais, lorsqu'il est revenu avec une dégradation physique importante, il a réitéré sa demande.

« Vous vous rappelez ce que vous m'avez promis ? »

Je n'avais rien promis. Mais je n'ai toujours pas répondu. J'ai souri pour le rassurer, caressé sa main d'un geste familier. Je voulais lui faire comprendre d'une manière ou d'une autre que j'étais avec lui. Ces instants sont flous dans ma mémoire. Lorsque je tente de les visualiser précisément, je n'y parviens pas. J'entends la voix, la phrase, mais moi je ne me vois pas, comme si je me fuyais, moi et ma promesse muette.

Je ne sais plus si cet homme a eu de la chimiothérapie ou de la radiothérapie. Ni combien de temps ont duré ses séjours dans le service. J'ai tellement essayé d'enfouir cette histoire au plus profond de moi.

La dernière fois qu'il a été réhospitalisé, il n'avait plus de repères et ne se rendait plus compte de ce qu'il faisait. Il perdait l'équilibre, il tombait comme un enfant. Je le ramassais, réinstallais sa perfusion arrachée.

Mais, tant qu'il a été capable de parler, il a répété sa demande. Plusieurs fois j'ai entendu la petite phrase qui me faisait si mal au cœur. « Vous vous rappelez la promesse ? »

Et chaque fois je priais intérieurement pour ne pas être là le jour où il s'en irait.

J'estimais en outre que sa douleur n'était pas très bien prise en charge. Je n'étais pas la seule à l'époque. Je me souviens que d'autres collègues ont évoqué la souffrance de cet homme. Nous en avons même reparlé il n'y a pas si longtemps à l'occasion d'un autre cas peu de temps avant que l'on m'accuse. Une de mes collègues m'a dit :

« Tu te souviens de M. X ?... Il ne faudrait pas que ça recommence de la même façon pour celui-là... »

M. X a changé de secteur, il est passé en pneumologie où sa douleur a été prise en charge. J'ignore pourquoi les choses se passaient mieux en pneumologie qu'en neurologie, question d'éthique personnelle du médecin, sans doute. À moins qu'il ne soit plus difficile de contrôler la douleur dans ce cas particulier. Il souffrait de maux de tête très importants, c'était déjà dur physiquement, mais le pire pour lui c'était la dégradation de son comportement d'être humain. Ne plus marcher, ne plus pouvoir tenir un verre d'eau sans le renverser, regarder la nourriture comme une chose d'un autre monde sans bien comprendre ce qu'il faut en faire. Il ne lui restait que la conscience de son état de délabrement.

Il disait :

«J'en peux plus... J'en peux plus... »

C'est la dernière plainte de sa part qui résonne encore dans ma tête.

Je répondais : Patience, il y a toujours quelque chose à faire...

Je lui caressais le front comme à un bébé, je cherchais son regard pour qu'il ne se sente pas seul dans ce brouillard de désespoir.

«Je suis là, c'est Christine... Ça va aller... »

Tant de choses passent par le regard, et le contact physique, lorsque la communication orale est difficile. En Afrique, je m'en servais beaucoup, puisque je ne connaissais pas les dialectes.

Je me souviens d'une femme qui m'a tendu ses enfants à bout de bras, comme une offrande. Nous nous étions comprises avec les yeux, je m'asseyais par terre avec elle... C'est en Afrique que j'ai compris que le regard pouvait faire beaucoup plus de choses que les mots, et je m'en suis servie plus tard avec mes patients.

Parfois l'expression de cet homme était à peine soutenable. Un regard qui supplie, qui ne voit que vous et sa souffrance, plein d'interrogations et surtout de peur. Et, comme il n'arrivait plus à l'exprimer en mots, il la pleurait, cette peur, les larmes coulaient sans interruption ni sanglot, comme de longues phrases silencieuses. Alors je m'activais autour de lui, je faisais des soins de confort, lui essuyais les yeux et lui prenais la main, en faisant de petites pressions de manière à ce qu'il sente ma présence. Je lui parlais moi aussi en silence.

Dès que j'avais un moment, je faisais un petit tour dans sa chambre. Parfois c'était difficile car il y avait trop de travail, mais, malgré cela, je ne me contentais pas d'un simple coup d'œil. Même si ça ne durait que trente secondes, je venais me pencher sur lui : « Coucou, comment ça va ? »

D'autres fois il ne fallait surtout pas parler car il était calme, juste une caresse, et ressortir. Il avait des périodes de repos, mais jamais de calme plat, toujours une certaine agitation, peut-être due à la panique, ou à des réflexes instinctifs. Tout à coup, il se dressait sur son lit pour se lever alors qu'il ne tenait pas debout, nous avons dû l'attacher, il me semble. Lorsque les patients sont à quelques jours ou à quelques heures de la mort, je déteste ces liens qu'on leur met. Il me semble toujours que nous les rendons prisonniers et sans défense devant cette mort qui va les attraper encore plus facilement.

Puis est arrivé le moment où il m'a rappelé une dernière fois la « promesse » et je me suis dit : « Je ne peux pas le laisser sans réponse cette fois. Mais je ne peux pas non plus lui dire : “ Je vous aiderai à mourir .” »

Alors j'ai utilisé une formule du genre :

« Ce n'est pas le moment, il y a encore de l'espoir, le traitement continue... »

Me comprenait-il ? Il secouait la tête. Et je fuyais encore, en me persuadant que je n'avais toujours pas dit oui. Et, à la seconde suivante, j'avais le sentiment que j'avais promis quand même. Bien que je n'aie jamais prononcé la phrase.

Je m'étais engagée tacitement, par le regard, l'attention et le respect que je lui portais. Et aussi mon silence auprès des autres. Nous avions lui et moi un secret. Il l'avait demandé, je ne pouvais pas le lâcher. Il avait droit à l'apaisement. Pourquoi le médecin ne l'aidait-il pas davantage ? N'y avait-il pas un moyen pour me délivrer ?

Pendant tout ce temps, je me répétais : « Je lui ai promis, mais je ne pourrais pas faire ça, je n'ai pas le droit... Oui mais il souffre, il faut que je l'aide. Comment faire pour l'aider ? » Dans un premier temps j'ai harcelé le médecin :

« Vous ne voyez pas comment il est ? Il souffre, il faut l'aider. »

Il me semble qu'il était encore tombé, l'après-midi, en essayant de se lever. Alors une prescription a été mise en place, je ne sais plus laquelle. Mais ce n'était pas suffisant. Il y avait toujours ces larmes silencieuses.

À ce stade, le malade n'est plus que souffrance dans un lit. Ce n'est plus un homme à part entière, que les vivants écoutent, et dont on respecte les désirs et les besoins. Comme s'il n'en avait plus d'importants. Il est dans un lit, lavé, perfusé, changé. C'est tout.

Il dort, le traitement institué semble l'avoir un peu calmé, mais le visage est bouffi, toujours crispé. C'est un masque de souffrance. Dans mon souvenir, je ne vois plus que ce visage dans l'espace, rien d'autre, ce visage qui pleurait, ces larmes d'homme fauché par le verdict de la tumeur maligne, de la déchéance annoncée. Sa voix tremblante lorsqu'il m'a demandé :

« Vous m'aiderez le jour où... »

Puis tout devient flou. Je ne vois plus que l'ombre de ce visage.

Il n'y a plus que moi. Je me vois au moment où je l'ai aidé à partir et puis je disparais aussi.

Ce moment où j'ai pris la décision est impalpable. Mentalement je l'ai effacé, oublié d'avance. Pourtant je l'ai fait. Je l'ai aidé à mourir. J'y ai même réfléchi longtemps.

«J'ai promis, je ne peux pas, oui mais j'ai promis.»

Le déclenchement du geste lui même m'échappe. J'étais consciente pourtant à ce moment-là, j'ai forcément dû accomplir un acte précis.

Mais l'image est quelque part enfouie en moi. Je ne parviens pas à la récupérer. Je ne sais plus comment j'ai agi. Je ne sais plus ! Je ne sais plus ! Quand exactement ?

Par contre, à partir de là, tout redevient clair. Je suis présente dans mon souvenir et lui aussi. Je suis restée à son chevet, je l'ai regardé, la réalité était à nouveau là, il y avait moi, l'infirmière, et lui, le mourant.

Et soudain la gifle qui me ramène à la réalité : « Qu'est-ce que tu as fait ? Mais pourquoi ? »

Et il est trop tard. Je suis consciente d'avoir tenu ma promesse, et je dois continuer à fonctionner professionnellement. Je le surveille, il est très encombré, j'aspire, il n'y a plus de sonde dans la chambre, je sonne, je suis en colère, je m'énerve parce qu'on ne vient pas. Quelqu'un arrive, je dis : «J'ai besoin de sonde pour l'aspirer... » On va chercher cette sonde, entre-temps une autre infirmière entre, puis le médecin.

Il est en train de décéder. Il s'en va. Et là je m'effondre, je pleure, je m'appuie contre le mur de la chambre, je me sens glisser le long de ce mur, ça ne va plus. Ma collègue me dit de sortir, et qu'elle prend le relais auprès du malade, mais je ne veux pas sortir, je veux rester là, près de lui.

Elle me force à quitter la chambre, je vais dans le bureau des infirmières, je m'assois en bout de table et je me mets à pleurer, la tête dans les mains. Je ne sais plus combien de temps passe, ma collègue et le médecin sortent de la chambre, je la regarde, elle me dit que c'est fini, et je pleure encore, je pleure de chagrin et de colère, je pleure parce que j'ai fait quelque chose que je n'aurais pas dû faire, et que je ne peux pas garder ce poids, il faut que je le dise, il faut que je le dise à quelqu'un.

Le médecin est là, il me secoue :

« Allons ! De toute façon c'était la seule chose qui pouvait arriver de bien à cet homme ! Il vaut mieux qu'il ne souffre pas plus longtemps ! Allez, Christine ! Du nerf ! Tu ne vas pas pleurer sur tous les malades, non ! »

Il me brusque. Il m'engueule. Je le ressens comme un électrochoc. Pourtant j'allais le lui dire. C'était cela, mes larmes, le besoin impérieux de dire ce que j'avais fait !

Mais comme il me houspille et veut que je sois forte, il ferme une porte dans mon esprit. J'ai peur de lui. Pourtant c'est un homme en qui j'ai toute confiance, qui m'a soignée, et que je respecte. Mais j'ai senti, à la manière dont il me parlait, que lui n'aurait pas compris mon geste.

Et puis il y avait ma collègue, elle avait beaucoup plus d'expérience que moi, elle prenait les choses différemment, sans pleurer et avec du recul, ce que je ne savais pas encore faire. Elle non plus n'aurait pas compris.

Plus tard, en essayant de reconstituer cet instant, j'ai pensé que, si le médecin m'avait laissée pleurer et avait posé seulement une question : « Qu'est-ce qu'il y a ? » ou « Que s'est-il passé ? », je me serais écroulée dans ses bras et délivrée de ce poids aussitôt.

J'aurais dit : « J'ai fait quelque chose que je n'avais pas le droit de faire. » Car il s'agissait de ma culpabilité à ce moment-là. Mes larmes étaient celles d'une coupable.

J'aurais pu expliquer aussi que ce n'était pas un geste décidé en quelques secondes, que c'était l'aboutissement d'une promesse qui avait cheminé longtemps en moi.

Chaque fois que je pénétrais dans sa chambre le dernier jour, elle me taraudait, lancinante :

« J'ai les moyens de l'aider. Je n'ai pas le droit, oui mais j'ai promis... non... si... Et puis... tant pis, personne ne le saura, c'est un secret entre lui et moi. »

Un seul geste à faire. Ou j'appuie sur un bouton pour que ça aille plus vite, ou je prends la seringue manuellement et je pousse. J'ai fait l'un de ces deux gestes.

L'un ou l'autre, mais je ne sais plus lequel et ce n'est pas cela qui compte.

J'avais franchi une frontière invisible, la frontière que tant d'humains redoutent. Je l'avais franchie en silence dans une totale solitude, puisqu'elle est interdite. J'avais aidé un être humain à mourir, parce qu'il me l'avait demandé. Courage ou faiblesse de ma part ?

Cette frontière entre la vie et la mort, barrière de souffrance ultime, il est dit que le mourant doit la franchir seul. Il est dit que la compassion ne doit pas prendre le pas sur la loi. Que l'on devient suspect d'être « trop humaine » et de vouloir soulager l'autre, afin que la mort ne décide pas seule à quelle seconde elle emportera la partie. Des secondes, des minutes, des heures, durant lesquelles, chacun le sait autour d'un mourant, le combat est inégal et perdu d'avance. Qui étais-je, moi, petite infirmière diplômée, pour oser tenir la main de ce mourant et abréger de quelques minutes sa souffrance ?

J'étais celle à qui le mourant avait fait promettre. J'étais celle qui regardait la mort arriver du même regard que lui, et accompagnait son angoisse, qui, chaque soir ou chaque matin, ouvrait la porte de sa chambre d'hôpital en priant que cette mort soit déjà passée. Qu'elle annule par on ne sait quel miracle la promesse faite au condamné.

Face à la mort, il n'y a que deux attitudes. La fuir en écoutant la peur, la sienne et celle de l'autre. Ou affronter. J'avais choisi d'affronter.

Je dois désormais m'en expliquer, parler de cette peur et de la mort. Car je les connais bien toutes les deux pour les avoir fréquentées de si près qu'elles ont failli m'emporter moi-même.

La mort à l'hôpital, par maladie, ce n'est pas la mort en pleine vie, accidentelle et fulgurante, qui laisse à l'être humain sa dignité. C'est la mort visible palpable à chaque instant. Celle qui guette et que l'on sent en permanence entre le malade et soi. C'est l'ennemie mauvaise, qui va gagner quoi que l'on fasse. Certains patients sont lucides, d'autres pas. Certains veulent la vérité et la réclament, d'autres la refusent : jusqu'à la fin, la mort ne franchira pas leur conscience, car la peur aura construit dans leur cerveau cette barrière puissante et infranchissable qui les préserve.

Un autre, atteint d'une tumeur inopérable, conscient jusqu'à la déchirure, terrifié aux larmes, dira dès l'annonce du diagnostic : « Je sais ce qui m'attend, la déchéance dans l'agonie. Lorsque le moment viendra, aidez-moi, je vous en supplie. »

Parce que j'avais promis dans un cas semblable d'être secourable, j'ai tenu cette promesse, transgressé la loi, pris le pouvoir réservé au seul seigneur régnant sur la maladie et la mort à l'hôpital, le médecin. Lui a droit au secret. Pas l'infirmière. Lui a droit à la décision, pas l'infirmière. Mais le médecin côtoie la mort sans la prendre à pleins bras. Il passe aux heures de visite et s'en va, laissant aux infirmières et aux aides-soignantes la charge du quotidien de cette mort annoncée. À elles de ramasser, en même temps que le reste, la peur des maudits jours qui passent, des sales nuits, des sales dernières minutes.

Le médecin prescrit, ordonnance, applique un système, une science, une technique, utilise des produits, fait son métier. Il est l'autorité médicale. Il se fabrique une carapace. L'efficacité est son premier souci, la survie son credo, il l'a juré. Et lorsqu'il estime, lui et lui seul, que la survie est impossible, alors il décide parfois d'abandonner. Personne d'autre n'a le droit de le faire. À lui d'augmenter le cocktail morphinique, d'abréger les souffrances, sachant que le sommeil va emporter le malade. S'il en a les moyens techniques, la philosophie personnelle, la compassion et l'humanité, c'est à lui de franchir cette frontière entre la survie inutile et la mort. Ou d'abandonner simplement le terrain et de laisser faire le destin.

Lorsque la compassion l'emporte, le médecin prescrit, l'infirmière obéit, tout se passe dans un silence convenu, déontologique. Rien d'autre n'est dit.

Lorsque le médecin résiste à cette compassion et laisse la mort arriver seule, sans accompagnement, l'infirmière obéit. Elle attend comme le patient et sa famille que s'égrènent les minutes, les heures, les quelques jours de cette agonie.

Elle doit porter sa propre carapace, passer d'une chambre à l'autre, d'une mort à l'autre, sans frémir. Elle ne doit pas souffrir de la souffrance de l'autre.

J'ai souffert. Je suis donc coupable. Et de cette culpabilité, je dois m'en expliquer absolument.

Jusqu'à présent j'en étais incapable. Et puis, bien plus tard, un psychiatre m'a demandé, à brûle-pourpoint, si je ne m'étais pas prise pour Dieu en aidant à mourir. J'ai sursauté. Dieu ne m'était jamais venu à l'esprit.

En me posant la mauvaise question, cet inquisiteur m'avait permis de me poser la bonne.

Qui suis-je donc ? Une jeune fille ordinaire, une infirmière de vocation. Mais une dissidente.

Chacun veut la comprendre, car chacun à présent se sent le droit de la juger.

Désormais, dans le regard de ceux que je croise, je devine la question : « A-t-elle vraiment aidé à mourir ? Qui ? Combien ? Et pourquoi ? »

Si je pouvais répondre, je dirais : Par amour de l'autre. Pourquoi dans le secret ? Par respect de l'autre. Toujours l'autre. Moi je ne comptais pas.

Que ce secret ne soit toujours pas révélé totalement était une profonde souffrance. Il m'empêchait de vivre, je portais ce poids lourd en silence, j'en pleurais la nuit. Je l'enfouissais mal le jour. C'était indicible.

C'est en me souvenant de la première fois où j'ai tenu ma promesse, en rassemblant ce puzzle d'émotions terribles, que j'ai compris pourquoi il était à ce point inexprimable. Du moins, je le crois. Car je suis loin de la certitude et, si l'on doit me juger un jour, je me garde bien de juger ceux qui me jugeront.

C'était inexprimable, parce que ce mot d'« euthanasie » me fait peur. Il n'est pas pour moi. Lorsqu'on décide de débrancher un respirateur en réanimation, c'est clair. Lorsqu'on décide de délivrer une dose de morphine supplémentaire, au risque d'endormir un mourant, c'est clair aussi. Il faut pour cela que le médecin dispose d'un service de soins palliatifs où toute une équipe connaît sans équivoque possible les moyens dont elle dispose, jusqu'où elle peut aller avec ses moyens, et en parle.

Dans mon service, rien de cela. La prise en charge de la souffrance était faite, certes, mais parfois insuffisamment.

Je n'aime pas, je l'ai dit, le terme d'euthanasie. Il est trop radical. Donner la mort, non. J'ai aidé à ne plus souffrir et à partir en paix. Je n'ai pas tué. Je ne suis pas une criminelle, c'est impossible. Cette demande que m'a faite un patient alors lucide, il l'a réitérée, jusqu'à ne plus pouvoir l'exprimer par des mots, mais par un dernier regard suppliant.

Résister me donnait de moi-même une image de bourreau.

Si je suis coupable, alors c'est de faiblesse face à une souffrance que je ne supportais pas. Je n'ai pas eu le courage de dire non, le courage d'aller en parler au médecin de peur qu'on ne réponde pas à cette demande. Et en même temps j'ai eu celui de passer à l'acte.

Est-ce que j'étais vraiment lucide ? Ce mélange d'émotion et de dévouement, de respect de la parole donnée, de prise en charge de la souffrance de l'autre... Est-ce une décision pour laquelle j'ai pesé le pour et le contre ? J'ai plongé d'instinct dans le mieux pour le malade. À cet instant-là, il n'y avait plus personne, en fin de compte, ni les médecins ni mes collègues, même moi je ne comptais absolument pas. Il n'y avait plus que le souffrant à quelques heures de la mort.

C'était un fil ténu, tendu entre lui et moi, le fil mystérieux et invisible de la promesse qui me guidait. Et puis il y a eu ce court moment de paix partagée : lui apaisé, moi soulagée de le voir enfin libre.

Ma vie a changé ensuite. Je me suis retrouvée prisonnière de ce que j'avais fait. Condamnée au silence, car je n'avais pas pu le dire sur l'instant. Avec aussi le sentiment réconfortant de ne pas avoir trahi le secret des dernières volontés d'un mourant.

C'était ma justification d'alors, elle l'est restée. J'ai repris la routine de l'hôpital, la course contre la montre entre les lits. Un travail à la chaîne. La préparation des soins, le premier tour avec les prises de sang, les tensions, les premières injections. Lorsque j'étais du matin, je commençais vers 7 heures, je finissais ce tour aux environs de 8 h 30, parfois 9 heures.

J'aidais de temps en temps à faire une toilette ou un lit. Je me hérissais dès que j'entendais une collègue dire qu'elle n'avait pas fait trois ans d'études pour laver un derrière et transporter un bassin. En général, elle le faisait quand même d'ailleurs. Mais intérieurement je n'étais pas très indulgente devant cette manière d'être.

Mes collègues prenaient leur café, moi je préparais déjà le tour de 10 heures. Je n'aimais pas perdre de temps, nous n'en avions même pas assez pour suivre la visite du médecin hospitalier. Matériellement c'était impossible. Or c'était frustrant de ne pas savoir exactement ce que le médecin avait dit aux malades. Combien de fois, en discutant avec l'un d'eux, je me suis rendu compte qu'il n'avait pas compris ce que lui avait expliqué le médecin. Ou je l'apprenais moi-même aux transmissions entre équipes, ou je devais courir après le clinicien pour poser des questions. Si nous avions été trois au lieu de deux, cela nous aurait permis de suivre la visite à deux, par exemple, pendant que la troisième assurait les soins techniques.

Je refusais d'être un robot, en somme, et il y avait des journées où les malades demandaient plus de surveillance, où nous n'avions même pas le temps de nous arrêter cinq minutes. Le temps du soin, ou de poser la perfusion, de dire « ça va ? » et de filer dans la chambre suivante. Alors je ne perdais pas une minute à discuter de la pluie et du beau temps.

J'avais pris au début de mon métier l'habitude d'être indépendante, et seule. J'avais travaillé un an de nuit. La nuit, on gère son temps différemment, on ne s'occupe pas des autres. La nuit, le silence est encore plus silencieux. On est à l'écoute des bruits dans les chambres, une toux, une plainte, quelqu'un qui s'agite sans trouver le sommeil.

Mais je suis aussi solitaire et indépendante de nature. Et je me sentais de plus en plus marginale dans ma façon de travailler. Au fond, le courant n'était pas passé entre l'équipe et moi et, avec les aides-soignantes, ce fut clair dès la première semaine. J'ignore ce qui leur a déplu en moi, je ne pense pas que ce soit mon travail, car je faisais tout pour les aider dès que j'avais un moment. Le dimanche, j'étais seule en général avec deux d'entre elles.

Une fois, elles papotaient dans l'office, j'ai demandé quelque chose que je ne pouvais pas faire moi-même, descendre une prise de sang d'un malade au laboratoire.

« Oui, bon, cinq minutes, c'est pas pressé ! Y'a pas le feu ! »

Alors j'évitais ensuite de demander quelque chose, j'évitais de leur parler tout court.

Quelque temps après, l'une de mes collègues m'a prise à part dans la salle de soins. Je la connaissais bien, elle était de ma promotion.

« Ça n'a pas l'air d'aller en ce moment ?

– Si, si, ça va...

– Mais non, je te trouve bizarre...

– Non, je vais bien, mais c'est vrai que je ne me sens pas très l'aise dans l'équipe. Je ne me sens pas acceptée.

– Avec quelqu'un en particulier ?

– Oui, avec certaines aides-soignantes. J'ai l'impression que, chaque fois qu'on leur demande quelque chose, c'est le bout du monde ! Ou que je les emmerde !

– Oh, tu sais, elles sont comme ça avec tout le monde.

– Oui, mais il y a des choses plus importantes, le malade est plus important.

– Peut-être que tu ne fais pas non plus tout ce qu'il faut pour t'insérer dans l'équipe. Je trouve que tu travailles seule, tu fais bande à part, le matin tu ne viens pas déjeuner avec nous.

– Mon petit déjeuner, je le prends chez moi, on se plaint déjà de ne pas avoir assez de temps... donc ce temps-là je le consacre aux malades.

– Oui, mais tu devrais faire un petit effort, tu devrais te joindre à elles et à nous.

– D'accord, je vais essayer. »

J'ai fait l'effort le lendemain, j'y ai pensé en me réveillant. En priant très fort pour que quelque chose m'évite d'y aller et que ce soit évident. Ça n'a pas marché. Alors j'ai pris mon thé avec elles, j'ai écouté. L'une avait mal dormi, l'autre mal à la tête, ou vu un film à la télé, et ça ne m'intéressait pas. Par contre, j'aurais eu envie de parler d'un article que j'avais lu sur une découverte scientifique, ou un fait divers particulier, ou de l'un de nos malades. De manière à ce que cette pause soit une continuité du travail. Et là j'ai compris que ces femmes qui venaient peut-être de faire cinq ou six toilettes d'affilées, n'avaient pas envie de discuter de choses sérieuses. Elles étaient là pour souffler, se détendre, dire des choses sans importance. C'était moi qui ne m'intéressais pas aux choses sans importance... Moi la marginale. Qu'y faire ?

Une fois, nous avons organisé un dîner d'équipe au restaurant, et nous avons fini la soirée chez moi.

C'était agréable, nous avons bien ri, il y avait de la musique, et l'une des filles, un peu gaie, m'a dit :

« Je ne pensais pas que tu pouvais être comme ça... »

J'ai répondu que le travail, pour moi, c'était le travail, et qu'en dehors j'étais quelqu'un d'autre. Et je l'étais. Même de tempérament assez solitaire, aimant lire dans mon coin, ou dormir de bonne heure (avec nos horaires c'était nécessaire), j'avais un copain, il venait dîner à la maison, il avait d'autres copines qu'il m'a présentées. Hélas, ces copines n'ont pas plu à mes collègues. Alors j'ai laissé tombé mes efforts d'intégration avec elles. Nous ne nous comprenions décidément pas.

De ce malentendu ont dû naître certaines idées stupides à mon sujet. J'avais fait avec une amie une balade en montagne, qu'elle racontait en plaisantant comme une « méditation » dans la neige face à la nature... Donc nous devions faire partie d'une secte et nous avions un gourou ! Les bougies de mon anniversaire, les bougeoirs, le fait d'aimer la lumière douce et les odeurs parfumées faisaient de moi quelqu'un de macabre ! Le bâton d'encens que j'allumais pour éliminer les mauvaises odeurs quand je fais la cuisine... la relaxation que j'avais commencé à pratiquer comme d'autres, à l'école d'infirmières, tout cela, mis dans le même sac, leur apparaissait comme un comportement mystique. On s'inquiétait même pour moi.

La plupart de mes collègues étaient mariées, ou avaient quelqu'un dans leur vie. J'étais seule.

J'avais peur d'une rencontre avec un homme, c'est vrai. Je me trouvais laide, grosse, comment plaire à un homme si je ne me plaisais pas à moi-même. J'ai mal enfoui un sale souvenir de mon enfance, un professeur de cours particulier, un vieux bonhomme qui avait tenté des attouchements. J'avais eu si peur que je n'en avais rien dit à mes parents, ils ne le savent toujours pas. Et chaque fois que je sonnais à la porte de ce vieux dégoûtant, mon cahier serré contre moi, j'avais une peur bleue ! Il n'a pas recommencé, mais le choc est ineffaçable. Il m'a longtemps fait craindre une relation avec un homme. J'y suis parvenue tout de même, mais je sais bien que le problème n'est pas entièrement réglé.

J'ai donc eu un copain pendant quelque temps, puis est arrivé Cédric. Une année d'amitié, et les fiançailles. Mais je l'avais rencontré à l'hôpital, c'était un malade, donc... là aussi j'étais bizarre. Finalement je me suis coupée des autres, sans le vouloir vraiment.

Entre-temps j'avais franchi la frontière de l'interdit. J'en souffrais. Coupable, pas coupable, je préférais enfouir la question et la laisser sans réponse. Pleurer la nuit dans mon coin, ouvrir les vannes, mais en solitude, avec mon chat seul témoin pour me débarbouiller les yeux.

Chaque matin, ou chaque soir, en prenant la suite de l'équipe précédente, j'espérais ne plus jamais me retrouver face à un cas semblable.

Mais c'est arrivé.

Huit mois, peut-être un an après cette première épreuve, je me suis entendue dire :

« Promettez-moi le jour où... »

C'était la deuxième fois et j'ai voulu résister. De toutes mes forces, pour ne pas souffrir moi-même, pour que le souvenir du premier patient, que j'essayais d'oublier désespérément, ne reprenne pas définitivement le dessus.

Cette fois, j'ai été prise de panique immédiatement. Et la panique ne m'a jamais aidée à me sortir d'une situation dangereuse, bien au contraire.

5.

Je revois tous ces malades auxquels je me suis attachée, avec lesquels je me suis battue contre la maladie. Nous l'avions acceptée ensemble, cette maladie, avec l'idée de la vaincre. Et puis elle a repris le dessus, elle allait gagner, alors il fallait gagner une deuxième bataille, celle d'accepter qu'au bout du chemin il y ait la mort.

J'ai le souvenir d'une femme extraordinaire. Elle devait avoir un cancer du poumon pour avoir atterri chez nous. Elle arrivait d'une maison de repos, elle souffrait tant qu'au début on ne pouvait même pas la toucher pour les soins élémentaires.

On a calmé sa douleur, apaisé ce corps qu'elle ne pouvait plus contrôler. Et cette femme était croyante. Un jour, elle nous a dit :

« Le Seigneur peut venir me chercher, je suis prête. »

Elle l'a dit et elle l'a même écrit. L'équipe était impressionnée, admirative. Nous sommes si rarement en présence d'un malade qui sait accomplir sa mort comme il a mené sa vie.

Quelle rare lucidité ! Elle n'est pas partie tout de suite, mais elle était prête, elle attendait ce moment avec sérénité. Nous les infirmières, cette attente nous serrait le cœur. C'est assez dur de côtoyer quelqu'un qui attend la mort de cette façon. Qui ne craint pas d'en parler. Elle était consciente, elle avait fait tout ce qu'elle avait à faire, elle était simplement prête pour le voyage avec son courage tranquille. Elle n'avait pas besoin d'aide particulière de notre part, son mari était près d'elle, il dormait à ses côtés. Nous passions la voir pour discuter un peu, nous vivions en somme autour de cette femme qui attendait sa mort. Lorsqu'elle est devenue comateuse, nous continuions à lui parler avec des mots simples : « Ça va aller, votre mari est là, je suis là, c'est moi, c'est une autre... »

Je n'étais pas de service lorsqu'elle s'en est allée. C'était un soir, en début de nuit, une de mes collègues m'a appelée à la maison pour me dire : « Ça y est, elle est partie. » Elle m'a avoué qu'elle était sortie de la chambre en pleurant.

D'habitude je ressens de la colère lorsque j'apprends que l'un de nos malades a perdu cette maudite bataille contre le cancer. Cette nuit-là je n'étais ni en colère ni triste, j'étais apaisée... C'était l'aboutissement d'une vie dans la clarté et la lucidité. C'était dur bien sûr pour son mari qui était âgé, pour leur fils, mais c'était beau de partir comme elle l'avait fait. Elle s'était endormie sans souffrir, elle avait accompli son existence et contrôlé sa mort dignement, jusqu'à la dernière minute. C'était un exemple rare.

Les conditions d'acceptation de la mort sont totalement différentes pour chaque malade, elles dépendent beaucoup de sa culture, de son environnement familial, de la compréhension des autres et de ce que lui-même a compris de sa maladie et de sa vie passée. Certains ne l'acceptent pas, ils refusent tant de la voir arriver qu'ils ne nomment même pas leur maladie. D'autres souffrent trop pour l'évoquer. D'autres en ont si peur que l'angoisse ne les quitte plus. Et d'autres enfin la souhaitent et l'espèrent comme une délivrance.

De moins en moins de gens meurent comme cette femme, avec le réconfort de leur famille ou de la religion. De plus en plus on meurt seul à l'hôpital, où la religion dominante est celle de la médecine. Dans notre service, nous étions très sensibles à cette solitude.

Lorsque nous avions le sentiment que le malade déclinait, que la situation nous filait entre les doigts, nous appelions les familles pour leur dire : « Attention, il (ou elle) ne va pas bien . »

Les familles dormaient sur place si elles le voulaient et le pouvaient. Nous nous sommes toujours efforcées d'être vigilantes afin que la séparation et le vide après le décès se passent dans les meilleures conditions.

Je me souviens aussi d'une femme dont nous connaissions très bien le mari. Elle avait dormi dans sa chambre ce jour-là, parce que nous savions qu'il arrivait au bout du chemin. Au matin elle avait les traits tirés, je la sentais visiblement partagée entre le désir d'être là jusqu'au bout et l'angoisse de rester. Je ne savais pas quelle serait sa réaction mais je lui ai proposé de partir, d'aller se rafraîchir chez elle et d'essayer de dormir au moins une heure avant de revenir auprès de son mari. Je lui avais promis que je resterais là, présente, et qu'à la moindre alerte je la ferais prévenir. Et promis aussi que, si « cela » devait arriver pendant son absence, il ne serait pas seul. Elle est partie soulagée. La pauvre avait besoin de récupérer, de s'armer contre l'évidence. Guetter un visage aimé durant des heures, sursauter à la moindre réaction, au plus petit changement de souffle, c'est terriblement éprouvant.

J'aimais beaucoup ce malade, mais je crois que je les ai tous aimés...

Je suis donc allée très souvent dans la chambre, et lorsque l'agonie a commencé, ces pauses respiratoires que l'on guette, ce moment où on se demande chaque fois : est-ce qu'il va respirer à nouveau ? J'étais là, je le surveillais pour elle.

C'était un samedi matin. Chaque fois que je sortais de la chambre, le médecin me disait :

« Ça en est où ? »

Comme s'il ne pouvait pas venir lui-même dans la chambre et le regarder en face. Pourquoi ?

Et surtout pourquoi dans ces conditions m'a-t-on reproché d'avoir été trop présente auprès des mourants ?

Pour son dernier moment j'étais là, je lui tenais la main. Je lui ai parlé sans arrêt, en lui disant qu'il n'était pas tout seul, que sa femme allait arriver... que je restais là, elle allait arriver... elle arrivait... Je n'osais plus le quitter pour aller téléphoner à sa femme, je n'en avais plus le temps, il s'en allait. J'ai vu une larme couler sur sa joue, un dernier souffle minuscule, et c'était fini.

Alors je me suis tournée vers la fenêtre, en larmes. Parce qu'il n'était pas vieux, cet homme, et je ruminais de colère intérieurement : « Ras le bol de cette saloperie qui gagne du terrain, qui est plus forte que nous, malgré tout ce qu'on peut déployer ! » Cet homme-là avait une fille et il allait être grand-père. Il n'a pas eu le plaisir de voir ce petit bout qui allait venir au monde. J'étais furieuse qu'il ait perdu la bataille, furieuse que l'on ne puisse pas une fois pour toutes tordre le cou à ce maudit cancer !

Puis j'ai appelé sa femme, j'ai dit la phrase habituelle : « Il n'est pas bien, il faut venir. »

Elle a compris que c'était fini. Et lorsqu'elle est arrivée avec sa fille, je les ai attendues. Je n'aime pas que les familles entrent dans la chambre toutes seules. C'est trop dur. C'est arrivé mais indépendamment de ma volonté. Je préfère m'assurer qu'ils vont tenir le coup. Certains ne veulent pas voir, on ne peut pas le leur reprocher. D'autres hésitent devant cette porte, craignant ce qu'ils vont voir.

Ce sont toujours des instants d'émotion violente, des filles qui appellent leur père ou des femmes qui parlent à leurs maris en sanglotant :

« Mais tu n'avais pas le droit, c'est trop tôt, pourquoi tu nous as laissés ? »

J'ai pleuré avec ces deux femmes, elles m'ont remerciée d'être restée près de lui.

J'ai consolé aussi, il n'avait pas souffert, il était parti doucement, il s'était endormi...

J'ai toujours un sentiment d'impuissance et d'incapacité dans ces cas-là. Être là pour les voir mourir, c'est insupportable. Je voudrais tant être là pour les voir guérir, gagner, repartir dans la vie. Le plus dur, c'est que par moments on a l'impression qu'ils partent en série. Deux décès parfois par semaine, et puis des périodes de répit où la mort n'est pas là, où l'on accueille des malades de passage, qui vont sortir très vite, et sortent effectivement guéris. Alors on commence à l'oublier, cette mort, jusqu'au jour où elle vous rattrape brutalement. C'est une urgence qui arrive, quelqu'un que l'on ne connaît pas, qui n'a pas d'histoire pour nous, que l'on a à peine le temps de mettre dans un lit, et qui décède aussitôt.

Lorsqu'un jeune patient nous a quittés un jour, un garçon de mon âge, je suis rentrée chez moi déprimée, avec l'impression d'avoir toujours vu la mort et d'être moi-même en sursis. Je me disais : « Je ne suis rien, je n'ai encore rien fait, et profité de rien dans la vie. Un matin on est là, le soir, *pfut !* c'est déjà fini ? »

Bien sûr j'ai des amis, une famille, un métier formidable que je fais de mon mieux, mais je suis toujours seule en fin de compte !

Seule lorsqu'un jeune malade est parti, que sa famille est partie... Je n'ai plus rien. Le vide. L'hôpital, les malades, c'est une sorte de famille pour moi où chaque décès est un deuil. Comment font les autres pour rester indifférents ? Est-ce qu'ils font leur métier avec autant de passion que moi ? Comment font-ils le deuil d'un jeune homme de leur âge ?

« C'est dégueulasse quand même à l'âge qu'il avait ! »

C'est tout. Une simple constatation alors que je me perds dans une tristesse profonde, que je prends tout en plein cœur. Que la mort d'un jeune garçon anonyme me laisse un vide personnel. Si j'essaie de partager cette réflexion avec mes collègues, je n'aurai pas d'écho.

L'une ou l'autre m'écoutera peut-être, patiemment, l'air de dire : « Bon, elle a envie d'en parler, écoutons-la, mais que cela ne dure pas trop longtemps, je n'ai pas envie de m'éterniser là-dessus, moi... »

Donc je n'en parle pas. Alors qu'en parlant de cette mort j'aurais pu parler de ma vie finalement, et reprendre du cœur à la vivre.

Le lendemain est un autre jour bien sûr, il y a d'autres malades, d'autres rencontres. Le problème est que chaque individu est différent devant cette peur commune à tout le monde, la majorité des gens préfère la fuir, ils n'ont donc pas envie d'en parler À quoi bon penser à la mort alors que tout va bien ? On a un mari, des enfants, après tout il faut déjà réussir à vivre, et c'est assez difficile comme ça !

Prendre la mort en face comme une sinistre claque chaque fois, c'était difficile pour moi. Faire ce que j'ai fait, aider un patient à mourir selon sa volonté, l'était encore plus.

Personne ne savait. Pourquoi était-ce à moi que cet homme avait demandé de l'aider ? Est-ce que j'étais vraiment la seule à comprendre ? Est-ce que je ne provoquais pas cette confidence, par trop d'attention et de présence ? Par ma manière d'être, de parler avec les malades ? Cette confiance que je tiens à établir avec eux, pour mieux les aider à lutter, se retournait finalement contre moi. Je prenais la souffrance et la mort trop à cœur, ce devait être visible.

Et en même temps il est si difficile de se défiler.

C'est un autre patient qui m'a emportée dans cette spirale, que j'ai fini par confondre avec « mon destin ».

C'était un homme assez grand, d'environ soixante-dix ans, les cheveux blancs, coiffés en arrière, la voix un peu cassée par la maladie. Il est arrivé avec un cancer des poumons.

Au départ c'est un optimiste, décidé à guérir. Il est ouvert, il aime plaisanter, raconter des histoires, des blagues, des devinettes. Son regard est vrai, doux, et paternel... celui d'un grand-père. Je ne sais pas s'il a des petits-enfants, mais il est humain, attentif aux autres.

Le courant passe immédiatement entre nous. Une sympathie instinctive.

Quand il est moins bien, fatigué, qu'il se laisse aller, je l'embête un peu avec le sourire :

« Alors, là, vous exagérez ce matin ! Vous auriez pu vous raser, regardez-moi ça ! Mais, ma parole, on dirait que vous avez mangé du poisson ! Je vois les arêtes qui dépassent !

– Oh, j'avais pas envie ce matin. »

Et finalement il va réussir à faire un petit effort, à sourire et à oublier ce manque d'envie qui lui faisait les yeux tristes.

Il est gentil, c'est un homme à qui on a envie de s'intéresser, d'apporter un peu de chaleur dans sa vie quotidienne. Elle n'est pas très gaie cette vie certainement, car il a peu de visites.

Mais je ne l'ai jamais entendu se plaindre, parfois même il sonnait parce que son voisin de chambre avait besoin de quelque chose.

Lorsque nous étions dans l'ancien hôpital, il était dans une chambre à quatre lits ; quand nous nous sommes retrouvés dans le nouveau, il n'avait qu'un seul compagnon de chambre. Mais, où qu'il se trouve, il s'entendait bien avec les autres, aucun conflit de télévision, de fenêtre ouverte ou fermée, ces petites choses qui en font grogner d'autres. Jamais de problème.

Certains malades exigent, dès leur arrivée, d'être dans une chambre unique, c'est rarement possible, elles sont réservées aux cas difficiles. Lui n'avait jamais eu aucune exigence. Il discutait avec ses voisins, on le trouvait toujours aimable le matin ; même s'il était au fond très solitaire, il n'en laissait pas paraître grand-chose.

Pourtant j'avais cru comprendre qu'il avait un fils quelque part, qui venait peu à l'hôpital. Quant à sa femme, elle était malade, hospitalisée de son côté, et sa santé le tourmentait beaucoup. Je ne l'ai jamais vue à son chevet non plus. Parfois je pensais à cet enfant vivant quelque part, et je me disais : Son père souffre, on ne sait pas combien de temps il lui reste à vivre, moins d'une année peut-être, et il la passe tout seul, alors qu'il aurait sûrement des choses à lui dire. Et ce fils, lui, ne profite pas des derniers mois de la vie de son père. Un jour il sera parti, il pleurera peut-être, alors que c'est maintenant qu'il faudrait être là.

Il a été opéré d'un poumon et, à son retour de chirurgie, il était tout content de retrouver son milieu, son cadre, son médecin et ses infirmières. À la clinique les rapports ne sont pas les mêmes que chez nous. Il avait une grande cicatrice qu'il fallait nettoyer, elle était « belle », sans problème. Quand je lui ai enlevé ses agrafes, j'ai dit en plaisantant :

« Allez, un peu de courage, j'y vais pour la torture... »

En général ce n'est pas douloureux, mais il disait :

« Aïe, aïe, aïe, vous me faites mal ! aïe, aïe ! »

Surprise, je me suis arrêtée aussitôt.

« Excusez-moi, je vous ai fait mal ?

– Mais non ! C'était pour vous faire marcher ! Et ça marche ! »

Nous avions ce genre de rapport au quotidien, il me taquinait toujours et moi aussi. Au fil des jours, des entrées et des sorties pour sa chimiothérapie, il me faisait de petites confidences discrètes.

« Ça va, votre femme ? C'est pas grave ?

– Elle est hospitalisée en médecine pour le foie, c'est pas la grande forme. »

Et puis, un autre jour :

« Ça va, votre femme ?

– C'est difficile, mon p'tit... Elle est malade, elle boit... J'essaie de l'empêcher de boire, de lui faire comprendre qu'elle est en train de se détruire, je cache l'alcool, mais elle devient violente. C'est dur, je ne sais plus comment m'y prendre, alors pour ne pas qu'elle crie... finalement je la laisse faire.

– Et vous en avez déjà parlé aux médecins ?

– Oh ! Ils le savent... »

Il a vidé son sac... il s'est un peu soulagé. La maladie alcoolique de l'un c'est terrible pour l'autre. C'était le grand souci de cet homme qui se savait déjà gravement atteint, mais pensait surtout à elle. À son incapacité à s'assumer.

Ce besoin de parler qu'ont les malades, j'aurais aimé que nous puissions le prendre davantage en compte. Avec une fille de plus dans l'équipe, nous aurions pu de temps en temps, au milieu de la course aux soins, nous passer le relais : « Tu peux aller voir

Untel, il n'a pas le moral... il a besoin de quelqu'un. » Mais nous ne sommes pas là pour soigner le moral des patients. Et pourtant certains, gravement atteints, en ont un tel besoin que je trouve cela aussi important que la perfusion, les pilules et le reste. Ça aide aussi à guérir, le moral.

Un homme qui n'a pas sa femme auprès de lui, dont le fils ne fait que passer, et va peut-être mourir a besoin de moral, non ?

Pendant quelque temps, une rémission pour lui, je sais qu'il est parti avec elle en convalescence dans un centre de moyen séjour. Lorsqu'il est revenu à l'hôpital, j'ai demandé indirectement des nouvelles :

« Vous avez eu de la visite aujourd'hui ? Vous avez vu votre femme ?

– Non, elle est trop fatiguée, elle ne tiendrait pas, elle n'est pas capable, elle ne peut pas venir me voir. »

Il revenait très régulièrement pour sa chimiothérapie, pour une petite infection, des complications. Il était content de me retrouver, et moi aussi.

Un jour, il lisait le journal où l'on parlait d'une exposition féline.

« Vous aimez bien les animaux, Christine ? Vous en avez ?

– Oui, j'ai un chat... il s'appelle Huba. C'est un persan bleu. »

Désormais nous avons parlé chats.

« Bonjour, comment ça va ce matin ?

– Ça va, mon p'tit ! Et Huba, ça va ce matin ?

– Il est venu me réveiller ce matin comme d'habitude. Il saute sur moi, il m'ouvre les yeux de force d'un coup de langue, et ça ne rate pas, cinq minutes après le réveil sonne ! On dirait qu'il a une pendule dans la tête ! »

Huba est donc devenu notre sujet de conversation préféré. Huba le malin sait tout, c'est un diable. Il connaît l'heure où mes parents se lèvent, il miaule juste avant, l'air de dire : tout le monde debout ! Huba le gourmand a fini enfermé dans le frigo, il l'avait ouvert avec ses griffes ! J'ai été obligée d'attacher la porte pour qu'il ne recommence pas.

Et il riait. Un jour, après les petites nouvelles de Huba :

« Cette saleté de maladie ! Je me sens pas bien, ça va pas fort, non, c'est pas la grande forme aujourd'hui !

– On en a vu d'autres, c'est une petite infection, on va lui tordre le cou, vous verrez... »

Nous n'avions pas encore de diagnostic final après la chimiothérapie, il ne savait pas si elle avait marché ou pas. Mais je le trouvais fatigué.

« Oui, je sais, mais ça ne va pas ce matin.

– Il y a des hauts et des bas, c'est normal, il ne faut pas baisser les bras. »

C'est là que nous avons parlé de quelque chose de grave. Son souci principal était de devenir impotent, à la charge de sa femme. Elle pouvait déjà difficilement s'occuper d'elle, comment pourrait-elle s'occuper de lui ? Et s'il se retrouvait dans le coma un jour ?

« Mais ne vous inquiétez pas, ça va aller mieux, là, c'est juste une infection, ne pensez pas à ce genre de chose. Il faut vous reposer, il faut penser aussi un peu à vous. Pour l'instant il n'est pas question d'être à la charge de qui que ce soit, ni dans le coma. »

L'après-midi, en faisant mon tour, je vérifie les perfusions, je prends mes tensions. J'arrive près de lui, et je vois bien que ça ne va pas mieux.

« C'est pas la grande forme, c'est vrai... mais on a déjà connu ça, ça part et ça revient... On en a vu d'autres, hein !

– Oui, vous avez raison, on en a vu d'autres... »

Soudain il a pris un air plus grave. Et il a chuchoté, de sa pauvre voix cassée :

« Christine, promettez-moi quelque chose. Vous vous êtes toujours bien occupée de moi...

– Oui, vous êtes mon malade, c'est normal !

– Je vous aime bien.

– Merci, ça me fait plaisir.

– Promettez-moi quelque chose, mon p'tit...

– Qu'est-ce que vous voulez ?

– Promettez-moi que, le jour où je serai dans le coma, j'y resterai pas longtemps. Hein ? Promettez-le-moi... »

J'ai le vertige, tout resurgit brutalement. Même si je crois avoir tout enfoui, n'importe quelle allusion à la mort fait toujours rejaillir la même image, celle du premier patient.

« Pourquoi vous vous voyez rester dans le coma ?

– Je ne sais pas mais... je ne veux pas traîner ! Si c'est fini, je ne veux pas traîner comme ça... Vous comprenez ?

– Vous savez bien qu'on sera toujours là pour vous, toujours là pour vous aider, on sera là, ne vous inquiétez pas. »

Je dis « on » parce que je parle de l'équipe, des médecins, je ne parle pas que de moi. C'est encore une réponse indirecte à sa demande. Mais c'est à moi et à moi seule qu'il la fait. Je parviens à ne pas pleurer, mais cette boule qui monte dans ma gorge est si difficile à avaler.

C'est un réel moment de panique, je ne sais plus quoi dire. Je sens que j'ai chaud, les joues qui deviennent toutes rouges, la tête qui tourne. Tout se bouscule. Ce n'est pas possible, ça ne va pas recommencer, je ne peux pas !

« ... On sera là. Quoi qu'il vous arrive... Et il ne faut plus penser à ça... promis ? »

Je sors de la chambre dans un état indescriptible. Avec une monumentale envie de fuir. Au lieu de cela, je dois continuer ma tournée, tension, perfusion, sonde... La routine.

Je me retrouve un peu plus tard dans la salle de soins, incapable d'en parler à l'équipe. Bloquée sur ma peur. Je devrais leur dire : « M. X m'a demandé, s'il était dans le coma, de l'aider à partir. »

Au lieu de cela, je dis :

« M. X se fait du souci pour sa femme. Il n'est pas bien du tout... »

Si je parle, avec cette panique qui m'a reprise, est-ce que je ne vais pas alerter quelqu'un de l'équipe qui pour l'instant ne se doute de rien ? J'ai peur, si l'on me posait un peu trop de questions, de laisser transparaître ce que j'ai déjà fait. L'interdit. D'autres l'ont fait sûrement, mais personne n'en parle. C'est la loi du silence.

Pour moi aussi, c'est un secret que l'on ne doit pas trahir par respect pour lui, pour sa famille. C'est un testament intime. Mais c'est aussi transgresser la loi. Et je me suis mise en danger.

Voilà qu'un autre homme s'est confié à moi, qu'il remet la fin de sa vie entre mes mains. Pourquoi moi ? Parce qu'il sait pouvoir le faire, et que je ne le trahirai pas. Donc je ne le trahirai pas. Peut-être en a-t-il parlé à quelqu'un d'autre, peut-être pas, mais je ne veux pas savoir. L'émotion me brûle la peau. J'ai du mal à me regarder dans la glace en aspergeant mon visage dans les toilettes. Je m'étais promis de ne plus jamais recommencer. C'était trop dur, j'en ai trop souffert, je ne pourrais pas. Ce n'est pas à moi de prendre ces problèmes en charge, ce n'est pas mon travail. Je suis là pour aider les malades à guérir, pas pour les aider à mourir. Pas là pour les aider à se suicider ! Parce que en quelque sorte c'est ça !

Je revois le visage de mon premier patient, le jour où il m'a demandé en larmes de l'aider. J'essaie de me débarrasser de cette image qui revient chaque fois que l'on évoque devant moi le décès de quelqu'un. Et de cette culpabilité un peu floue dans la tête : « J'ai fait ça... tu as fait ça, Christine ! Est-ce que tu te rends compte de ce que tu as fait ? Oublie, c'est trop tard ! »

Ce n'est pas la même chose aujourd'hui, je veux m'en persuader, ça n'arrivera pas. La maladie a repris le dessus, certes il n'est pas bien, mais il n'est pas mourant. Il ne souffre pas physiquement mais moralement. C'est une demande qu'il m'a faite dans l'absolu. Il n'est pas en train de mourir. Ce n'est pas le moment... Et je ne serai pas là si ça arrive. Il se passera bien quelque chose, le destin ne va pas me condamner deux fois... Je serai en vacances, quelque part dans un magasin, ou en balade avec des copains, au cinéma, n'importe où !

J'oublie... je m'occupe des autres patients, je fonctionne.

Mais le soir, en rentrant chez moi, seule, les mots résonnent à nouveau. J'ai peur que ce moment ne vienne me prendre par surprise, d'être trop faible et de l'aider quand même.

Je me douche, je donne à manger au chat... *Il aime bien Huba...* Je chasse difficilement cet homme de mon esprit et vais me coucher, incapable d'avaler une bouchée. Impossible de m'endormir. Il me hante. Et je suis seule à affronter cette hantise.

Je n'arrive pas à me dire clairement et simplement que je ne le ferai pas. Je voudrais seulement ne pas être là. Je prie pour cela.

Mais je ne pouvais pas fuir l'hôpital, les malades, il fallait bien faire face. Je ne pouvais pas non plus me désintéresser de lui, il était si attachant, si malheureux au fond. Je faisais comme d'habitude, je parlais du chat, mais, lorsqu'il revenait pour passer un examen ou autre chose, je m'inquiétais davantage. Autant pour lui que pour moi.

C'était une situation nouvelle. La première fois, je n'avais pas eu à me poser ce genre de question, ou alors je ne m'en souvenais plus.

À présent, s'il était moins bien, je m'angoissais. Je guettais la progression de la maladie. À chaque bavardage avec lui, j'avais toujours la crainte qu'il ne me reparle de cette promesse. J'avais le cœur battant, la sensation d'attendre le résultat d'un grave examen qui mettrait ma vie et mon avenir en jeu – je l'ai, je l'ai pas – ou d'être en équilibre au-dessus d'un précipice, avec une peur bleue de vaciller malgré moi. Je m'efforçais de ne jamais laisser la conversation dévier sur le sujet et sur son état, je faisais tout pour parler d'autre chose.

Les diableries du chat me servaient toujours de feuilleton, nous parlions des informations, de ce qu'il avait pu lire dans le journal, je posais des questions sur les faits divers les plus anodins.

J'ai vécu avec cette angoisse un temps qui m'a paru être une éternité. Plusieurs semaines, en fait. Car il n'était pas là en permanence. Il venait une fois par mois, je crois, pour la chimiothérapie. Il me semble qu'il avait deux protocoles, un à la journée, et un sur trois jours. Et je n'étais pas toujours là quand il revenait.

Il y a eu le déroulement vers le pire, la chimiothérapie, les métastases, les douleurs.

Et puis il a été hospitalisé définitivement. J'ai appris la nouvelle en reprenant mon service. L'infirmière aux transmissions a dit :

« M. X est réhospitalisé, et ça ne va pas du tout. »

Je ne l'avais pas vu depuis quelque temps et, quand j'ai ouvert la porte de sa chambre, quand j'ai vu le teint cireux, la maigreur caractéristique, j'ai pris un nouveau choc. Le pauvre homme était cadavérique... Je n'avais pas de soins à lui faire dans l'immédiat, il avait déjà été pris en charge, juste à dire le petit bonjour habituel. Il était vraiment mal, épuisé. Nous n'avons échangé que deux ou trois mots, mais j'étais tendue, prête à trouver n'importe quoi à ranger dans cette chambre où désormais il était seul, pour ne pas entendre ce que je craignais tant. Il n'a rien dit. Il m'a fait peine à voir, mais je suis sortie de là, égoïstement et provisoirement soulagée.

Un peu plus tard, ou le lendemain je ne sais plus, en faisant mon tour des chambres, j'ai vu qu'il était encore plus mal.

« Ça va, vous ne souffrez pas trop ?
– Oui, mon p'tit, ça va, ça va. »
J'ai pris sa main, les miennes étaient moites.
« Ça va aller, ça va aller... »
Il avait déjà eu de la morphine par la bouche, ce n'était plus suffisant, le médecin avait mis en route le traitement contre les douleurs devenues trop importantes. Le relais morphine en seringue électrique. On lui avait expliqué, comme à tous les malades dans son cas, que c'était mieux pour lui et que la douleur allait disparaître définitivement avec cette morphine injectée tout au long de la journée. La seringue avait été posée, mais pas par moi, je savais que désormais il entrait en phase terminale. Il était assez lucide pour s'en rendre compte, il avait fréquenté d'autres malades en chimiothérapie. J'espérais tout de même qu'il ne ferait pas le lien entre la présence de cette seringue électrique et la fin. Mais la morphine ne drogue pas, elle fait disparaître la douleur et n'empêche pas de penser.

Dans quelques jours, ce serait fini. À ce stade, lorsque la décision n'est pas prise de laisser rentrer un malade chez lui, nous savons qu'il va mourir à l'hôpital avec nous.

J'ai le cœur serré. Il est seul, toujours pas de fils, sa femme n'est pas venue non plus, j'ignore si elle va mieux ou plus mal. Le médecin a dit devant le scanner : « Merde ! il est foutu ! »

Foutu, c'est le terme générique, employé en privé, ça veut dire peu de temps à survivre, impuissance à contrer l'évolution finale.

Le lendemain, je n'essaie surtout pas de le faire parler lorsque j'entre dans sa chambre sur la pointe des pieds. Juste pour vérifier si la perfusion est correcte, et s'il ne souffre pas. Il semble reposer paisiblement. Je repars sur la pointe des pieds.

Et plus tard dans la même journée, penchée sur lui, je l'entends murmurer d'une voix à peine audible :

« Vous vous rappelez, hein ? Vous m'avez promis ? Vous me laisserez pas tomber ! Vous vous rappelez ? »

Il est presque à bout de forces à présent, mais il est encore lucide. Je réponds doucement et très vite :

« Mais non, vous savez bien qu'on ne vous lâchera pas, on sera toujours là. »

J'ai utilisé encore ce « on » derrière lequel je me cache vainement. Et en même temps je pensais : « Mon Dieu, pourvu que ça aille vite, pourvu qu'il ne reste pas trois ou quatre jours dans le coma ! Parce que, là, je serai de service et devant une décision à prendre. »

Et je ne sais toujours pas si c'est de la lâcheté de répondre à cette demande ou du courage. Je n'arrive pas à dissocier les deux en moi. Peut-être parce que, depuis la première fois, je me suis interdit d'y réfléchir. Chaque fois que j'essaie, c'est la panique vertigineuse. La seule chose que je savais alors certaine et incontournable était que j'avais fait quelque chose d'interdit.

C'était un après-midi, je venais de prendre mon service. Je suis allée dans la chambre prendre des nouvelles, cette fois il était dans le coma.

Que je le veuille ou non, c'est le moment redouté, et je suis là.

Je m'approche de lui, je lui tiens la main et je lui parle à voix basse, doucement :

« Ça va aller, ne vous inquiétez pas, vous n'êtes pas tout seul. On est là, hein... Ne vous inquiétez pas, ça va bien se passer. Votre femme, on va s'occuper d'elle... »

Je répète les mêmes phrases comme une berceuse à un petit enfant. Il y a ma main qui tient la sienne et la caresse. Je crois que les patients ont besoin d'une voix pour les rassurer et aussi d'un contact physique.

Le moment est arrivé pour lui ; s'il pouvait parler, il me rappellerait ma promesse. Elle était grave cette promesse. Et à présent elle est terrifiante.

J'ai peur. Je ne prends pas de décision, je sors de la chambre. C'est le début de l'après-midi. Je fais ma tournée, m'occupe de mes autres patients, mais je retourne le voir régulièrement, lui parler un peu et lui tenir la main. Chaque fois que j'ouvre cette porte, j'espère le trouver endormi définitivement et en même temps j'ai peur qu'il ne meure tout seul, sans personne, sans une main dans la sienne, une parole de réconfort. Et je rumine inlassablement ce qui est pour moi un cas de conscience. « Je lui ai promis qu'on l'aiderait, qu'on ne le laisserait pas dans le coma, j'ai dit " on " mais c'est moi qui l'ai dit. Et il avait toute confiance en moi, je n'ai pas le droit de l'abandonner. C'est la fin mais... dans combien de temps ? Ça va durer des heures, un jour ? Deux ? »

Je tremble... J'hésite. Ma main gauche lui tient la main et ma main droite est sur le clavier de la seringue. Et il suffit que j'appuie sur le bouton « débit », que la flèche monte pour augmenter ce débit. Je sais sans en être tout à fait certaine, qu'à ce moment-là, tout risque d'aller plus vite, une dépression respiratoire et il va s'endormir tout doucement.

Ce n'est pas sûr... Mais il y a de grandes chances... J'ai promis, je lui dois ce geste. Il est important pour lui.

C'est le silence autour de moi. Mais j'entends ses mots... j'entends son refus d'être une charge pour sa femme, de rester longtemps dans le coma et que ça traîne. J'entends sa respiration. Elle est à la fois paisible et irrégulière. Il est devenu ce qu'il ne voulait pas, un corps inerte qu'on ballotte, qu'on tourne pour le laver, qu'on change, qu'on nettoie. Et pendant ce temps... on parle d'autre chose, du temps qu'il fait dehors. Il est humilié, cet homme-là. Il ne le voulait pas.

J'ai accéléré la morphine. Je reste près de lui quelques minutes, toujours en lui tenant la main. Puis je réduis à la normale.

Voilà, je l'ai fait. C'est la deuxième fois, parce qu'il y a eu une première fois, et que j'avais promis. Je lui ai rendu sa liberté.

Il attend encore la mort. J'espère qu'elle va maintenant le rejoindre vite, et ne pas le laisser trop attendre, inerte et impuissant. S'il a compris que j'ai tenu parole, dans ce vide inconnu où il l'espérait, il est soulagé.

Pour moi, ce n'est pas un véritable soulagement, c'est une nouvelle épreuve. Je me sens à la fois apaisée d'avoir tenu parole, et si effrayée d'avoir recommencé. J'appelle vainement le brouillard dans ma tête, celui qui permet de ne plus penser, ne plus se poser de question. Impossible.

Il dort. Je vais voir les autres patients, je reviens un peu plus tard, il dort toujours. Et puis la seringue sonne, elle est vide. Et lorsque j'entre dans la chambre, c'est fini.

Si j'avais pu, je serais restée près de lui jusqu'au bout, ma main dans la sienne. Maintenant je fais ce qu'il faut faire dans l'immédiat. Mon travail technique.

Je prends son pouls au poignet et à la carotide. Pour vérifier. Et puis j'appelle le médecin qui vérifie à son tour. Il constate ce décès attendu, sans étonnement.

Ensuite, on déblaie la chambre comme d'habitude. Je fais la toilette du patient et l'habille avec une aide-soignante. Un costume ou un pyjama, je ne sais plus. C'est dur, mais il faut faire son travail jusqu'au bout. Le coiffer, lui mettre un peu d'eau de Cologne, le rendre décent.

J'appelle l'amphithéâtre, les brancardiers ne viennent qu'au bout de deux heures. Un patient décédé ne quitte pas le service avant ce délai, au cas où il s'agirait d'une mort apparente. C'est le règlement. Il part sur un chariot.

Je fais le numéro de téléphone qu'on nous a donné, je ne sais plus qui j'ai eu bout du fil, mais sa femme est enfin venue. C'est la première fois que je la voyais dans le service.

Elle a parlé un peu avec les médecins ; comme je ne la connaissais pas, je ne me suis pas approchée d'elle, et de toute façon je ne m'en sentais pas capable.

Si elle avait voulu me parler, poser des questions, j'aurais répondu, mais à ce moment là je fuis, je m'occupe ailleurs. Je me sens coupable de savoir des choses qu'elle ne sait pas, et ne saura jamais. Ce qu'il souhaitait à la fin de sa vie. Ses dernières paroles.

Un grand secret me lie à ce patient qu'elle ignorera toujours et pourtant c'était son mari.

Mon service est terminé, je rentre chez moi, épuisée physiquement et moralement.

Il est bien, il est parti, il ne souffre plus, malheureusement je vais devoir vivre avec ça, mais j'ai respecté ma parole, je l'ai aidé. Du moins je le crois. Je ne suis même pas sûre d'être vraiment responsable. Il s'est peut-être endormi vers 6 heures du soir, au lieu de 7 ?

Objectivement, je ne sais pas. Et je me dis peut-être cela aussi pour me rassurer.

Je dors mal cette nuit-là. J'essaie d'oublier, je tourne, je vire, je me cache sous la couette sans trouver le sommeil. Je me pose encore des questions sur moi-même sans y répondre. J'ai pris des risques, à deux reprises. Je n'ai même pas pensé que quelqu'un pouvait ouvrir la porte et me surprendre. Que ma carrière serait fichue à jamais. J'étais ailleurs, dans un monde où il n'y avait plus que le patient, moi, et la parole donnée.

Deux fois. C'est encore plus grave. Même si je le voulais à présent, je ne pourrais plus jamais en parler.

Je ne parviens pas à trouver le sommeil, il refuse de m'emporter, de soulager cette souffrance impalpable et pourtant lancinante.

J'essaie de m'imposer une image libératrice, la tête sous l'oreiller. Je suis en vacances, tout va bien, il fait beau, je suis heureuse, le reste est un cauchemar dont je vais me réveiller.

Il y a la mer, le soleil, le sable fin, le repos, plus de travail, plus de soucis... un monde de rêve.. une image de dépliant de vacances, avec le bruit des vagues, le ciel bleu pâle, la mer bleu foncé. Je construis obstinément ce décor, pour m'y noyer.

Je n'y arrive pas. Je pleure dans l'eau, sur le sable, je pleure sans arrêt. J'ai dû m'assoupir, épuisée, vers 3 heures du matin.

Est-ce qu'à un moment, un milliardième de seconde, je me suis posé la question : « Christine, ma fille, tu es peut-être une criminelle ? » Oui.

Devant la loi. À cette culpabilité-là, quoi que je pense, je ne pouvais pas échapper.

6.

Je marche une fois par semaine dans les bois, autour des étangs, c'est l'escapade loin de la clinique et de la réalité. La seule chose qui me fait réellement du bien et me vide la tête. Le reste du temps, je me sens affreusement inutile. Je n'ai plus de travail, je ne suis plus infirmière. Tout ce qui faisait ma vie jusqu'ici s'est figé dans l'espace. Je la fouille, cette vie, à la recherche de la faille, de ce qui n'allait pas.

J'étais une bonne infirmière, on me l'a souvent dit. Comme j'étais une bonne élève, une bonne petite fille sage qui ne craignait qu'une chose : décevoir. Une erreur dans mon métier me rendait autant malade de peur que, jadis, la mauvaise note de mon enfance. Elle me tracasse encore, cette erreur. Comme un signal du destin, que je n'aurais pas très bien compris.

C'était en hiver 1997. Un patient souffrait atrocement de métastases osseuses. Le médecin n'était pas là. Je devais faire quelque chose pour le calmer.

Je prends sur moi la décision de lui injecter un bonus de morphine. Je ne commets rien d'interdit, faire passer deux millilitres de morphine n'est destiné qu'à le soulager. Mais j'ai un problème technique, j'essaie d'injecter les deux millilitres dans la seringue électrique, et ça résiste, rien ne passe. J'appuie un tout petit peu plus fort et, catastrophe, au lieu des deux millilitres, tout part d'un coup ! Ce n'était pas mon intention ! Je suis terrorisée, est-ce qu'il va résister à la dose ?

Si quelqu'un s'aperçoit de l'erreur, on va me soupçonner d'autre chose ! S'il venait à décéder dans l'heure qui suit ? Que faire ? La seringue est vide, si je la remplissais avec de l'eau ? J'ai si peur qu'à partir de cet incident sans gravité on découvre le reste. C'est aussi stupide que d'avoir voulu imiter la signature de ma mère pour ce maudit 7/10 ! Heureusement, ma collègue arrive juste au moment où j'allais faire cette bêtise supplémentaire.

« Qu'est-ce que tu fais ? Je viens de la chambre et la seringue est vide !

– Il souffrait tellement que j'ai voulu lui mettre la dose en une heure. J'ai poussé, ça ne passait pas, alors j'ai poussé plus fort et tout est parti ! J'ai eu la trouille !

– Tu as déjà fait ça ?

– Mais non ! »

J'essaie d'expliquer à nouveau ce qui s'est passé, le blocage et la fausse manœuvre. Elle doute de ce que je lui raconte et me répond qu'elle va en parler au médecin.

Une fois calmée, je me rends compte qu'il ne pouvait rien arriver de grave. La morphine est simplement montée dans la perfusion de base, ce que l'on appelle le garde-veine, pour se diffuser tout doucement. La tubulure était peut-être légèrement coudée, ou bien c'est au niveau de la veine que la résistance s'est produite. Je n'aurais pas dû m'affoler ainsi.

Mais j'ai peur jusqu'à la fin de mon service, et honte de moi. Je me suis conduite comme une idiote en essayant de dissimuler cet incident. J'ignore si ma collègue en a parlé au médecin ce jour-là, car je n'ai eu aucune autre réflexion directe.

J'ai seulement eu l'impression qu'elle avait raconté l'incident à l'équipe, car je l'ai vue à plusieurs reprises chuchoter avec les autres. Et après cela je trouvais que l'atmosphère dans le service était assez tendue autour de moi.

Quelques jours après, cette même collègue m'a remis une lettre dans laquelle elle avait écrit que, si j'avais besoin d'« en parler », c'était possible, qu'elle ne voulait pas couvrir mon attitude, et que je n'avais pas le droit de « voler la mort des gens ». Donc, elle était persuadée que cet accident indépendant de ma volonté n'en était pas un. L'expression utilisée, « voler la mort des gens », m'a choquée.

À présent que l'on m'accuse d'euthanasie, il serait facile de broder sur cette erreur. Sur le moment, j'ai gardé sa lettre mais je n'avais pas envie « d'en parler » avec cette collègue. Nous n'aurions pas « parlé » des mêmes choses. Le quiproquo était tellement énorme, entre ce que je savais avoir fait avant et ce qu'elle soupçonnait ce jour-là. Je n'aurais réussi qu'à m'enferrer dans des explications qu'elle n'était pas prête à admettre. De plus, si j'aimais bien travailler avec elle, je ne lui faisais plus confiance depuis un manque de solidarité de sa part.

Nous avions eu à régler un problème interne entre service de nuit et service de jour. Un grand classique des rapports professionnels. En prenant notre service un matin, nous trouvons des patients « dans la pisse », comme on dit entre nous. L'un d'eux, impeccable la veille au soir, commençait même à faire des escarres. Et nos aides-soignantes se plaignaient des conditions dans lesquelles elles retrouvaient les patients en prenant le relais de l'équipe de nuit. Nous étions toutes persuadées qu'il n'y avait pas eu de prévention d'escarres ni de changement de position des malades durant la nuit, et nous étions très en colère. C'est affreux, les escarres, les gens se retrouvent avec des plaies énormes et difficiles à soigner. Or, dans l'équipe de jour, nous prenions vraiment beaucoup de soin pour l'éviter.

Tout le monde étant d'accord, et comme je n'avais pas l'occasion de rencontrer moi-même les collègues de nuit, j'ai proposé d'inscrire une remarque à leur intention dans le cahier des transmissions. Et j'ai signé le cahier la première. Au départ, tout le monde était d'accord pour signer, et ma collègue aussi. Elle m'avait même aidé à l'écrire, ce mot ! Mais, quand je lui ai tendu le stylo, plus personne. En fin de compte j'étais la seule à prendre la responsabilité du message ! Le lendemain matin, lorsqu'elle a rencontré les filles de l'équipe de nuit, furieuses de la remontrance, elle s'est défilée. Une aide-soignante, mécontente de son attitude, m'a raconté la scène. Elle avait répondu :

« Je ne sais pas, je ne suis pas au courant. »

J'étais furieuse sur le moment mais j'ai dû ravaler ma rancœur, parce qu'il faut bien travailler en équipe, vivre ensemble huit à neuf heures par jour, et je n'allais pas déclarer la guerre pour cela. J'aimais beaucoup cette collègue, mais je ne lui faisais plus confiance. Comme manifestement, de son côté, elle me soupçonnait après cette erreur, même si c'était à tort dans ce cas précis, je n'étais pas tranquille.

J'ai jeté sa lettre la nuit de ma tentative de suicide. Par fierté, je ne voulais pas que ce genre de soupçon arrive à la connaissance de ma famille.

Plus tard, j'ai su qu'elle en avait fait un double. Dans son esprit, j'étais donc réellement en accusation, et pourtant je n'ai pas réalisé qu'il s'agissait d'une menace latente. Le malaise que je ressentais alors autour de moi venait aussi de là. Mais j'espérais toujours que mes rapports avec les autres s'arrangeraient, qu'elles me trouveraient moins distante, moins solitaire, et je n'y parvenais décidément pas. Au bout de trois ans de cohabitation dans le service, je n'avais réussi à me faire que deux ou trois amies, je les croyais sincères. En réalité, nos rapports se dégradaient lentement, mon attitude les inquiétait, et je n'y pouvais rien. Je me voilais la face obstinément, je continuais à faire mon travail à leurs côtés, espérant que cette méfiance croissante allait disparaître d'elle-même, et que nous étions malgré tout solidaires.

Pendant toute une année, nous avions travaillé sans surveillante, et pourtant nous en avions besoin. Depuis deux ans, nous étions chaperonnées, comme il est normal dans un service comme le nôtre. Notre surveillante était assez à cheval sur des détails du genre : ne pas poser la couche sale par terre, la mettre sur le bord du lit, ou directement dans la poubelle... Autrement dit, suivre le manuel d'instruction comme à l'école. Mais, dans la réalité, ce n'est pas toujours faisable. On tient quelqu'un pour le changer, il nous reste une main libre, on pose la couche à l'endroit le plus direct, par terre, on ramassera ensuite. Je trouvais ce genre de remarque un peu inutile.

À côté de cela, elle ne voyait pas forcément qu'un coup de main de sa part de temps en temps ne nous aurait pas fait de mal. Même surveillante, on reste infirmière. Si le médecin dit, par exemple, au cours de la visite qu'il faut déperfuser Mme Une telle, ce serait bien que celle qui y assiste prenne un coton et le fasse sur le moment. Au lieu de venir nous dire plus tard : « Il faut déperfuser Mme Une telle. » Mme Une telle serait libérée un peu plus tôt et n'attendrait pas 3 heures de l'après-midi pour être débarrassée de sa perfusion. Certaines surveillantes mettent la main à la pâte de temps en temps, je trouvais, et je n'étais pas la seule, que la nôtre était un peu trop « administrative ». Je sais bien qu'elle n'avait pas un rôle facile, elle était le tampon entre les médecins et nous, entre nous et l'administration. Elle voyait bien que nous trimions, que nous n'étions pas assez nombreuses. C'était aussi son rôle de se battre pour avoir plus de personnel, une bataille que les surveillantes emportent rarement auprès de l'administration.

J'étais trop exigeante. J'aurais voulu que tout le monde pense comme moi, et fasse le travail sans trop se poser la question du qui fait quoi. Pour moi, un service hospitalier n'est pas une compagnie d'assurances, ou un ministère. C'est un service où le cœur et le souci d'efficacité pour le malade comptent avant tout.

Les paperasses étaient également notre hantise, de cela aussi on aurait pu nous décharger. Une fois la visite des médecins achevée lorsqu'ils ont noté leurs prescriptions sur les cahiers des malades, nous devons reprendre ces cahiers un par un pour noter les changements de traitement et préparer les examens qu'ils ont demandés. Un travail qui nous prend beaucoup de temps. Bien souvent la visite finit tard, en tout cas jamais avant 12 h 30, voire 12 h 45, et la relève de l'après-midi est censée arriver à 13 h 30. Nous sommes donc supposées avoir bouclé ce travail et pris notre repas, le tout en trois quarts d'heure montre en main. Évidemment, lorsque la relève arrive, rien n'est fini, et personne n'a mangé !

Si notre surveillante avait pu prendre en charge la relève des cahiers, du moins l'entamer, pendant que nous finissions les soins de la matinée, tout le monde aurait gagné du temps.

Nous le lui avons suggéré plus d'une fois. J'imagine qu'il y a des problèmes partout et que, dans tous les hôpitaux, chacun voit midi à sa porte. J'aurais aimé que l'heure à la nôtre s'accorde avec le bon sens et l'organisation de petits trucs tout bêtes qui nous auraient fait gagner ce temps précieux.

Je l'ai bien aimée, cette surveillante, lorsqu'elle s'est aperçue que le petit déjeuner du matin durait trop longtemps et qu'elle a demandé de l'abréger. Lorsqu'elle a fait remarquer aussi que les personnes qui avaient le temps de prendre leur repas, à savoir les aides-soignantes, feraient bien de ne pas le prendre toutes en même temps, pour pouvoir répondre à la demande des malades. Je regrette l'hôpital et ses soucis quotidiens. Il était ma seconde famille, dont je devais être le vilain petit canard. Mon métier me manque tellement ! C'est un univers difficile, avec ces petites chicaneries et ses grands drames, mais c'est un métier humain, dense, dans lequel je m'étais immergée totalement, presque comme en religion, moi qui n'ai pas été élevée à la droite du bon Dieu ! J'étais faite pour ce sacerdoce. J'en étais fière, ma famille aussi. Où est passée cette fierté ? Que vont-ils en faire ?

Par moments, je bute sur un souvenir précis, en me disant que j'étais vraiment à ma place dans un hôpital. À d'autres moments, c'est un autre souvenir cruel, de trop grande souffrance ou de révolte, qui me fait me poser la question inverse. Est-ce que j'aurais pu supporter longtemps cette souffrance, et cette révolte ?

J'étais en remplacement dans un autre service, nous étions deux infirmières à nous démener. Un homme pissait le sang, une artère avait lâché, pulmonaire probablement car il avait une trachéotomie. Son sang giclait, j'en étais couverte, je sentais sa chaleur, il y en avait plein les murs, j'essayais de l'aspirer et il y avait deux médecins au pied du lit en train de discuter :

« On l'endort ? On le met sous morphine ?

– Non, moi j'ai pas envie, c'est pas mon malade, on peut peut-être le récupérer...

– Alors, on réanime ou pas ? »

Ce malheureux était en train de se vider de son sang, là sur le lit, sous leur nez. J'avais envie de hurler : « Mais sortez ! Allez vous mettre d'accord dehors ! Pas devant le malade ! Vous oubliez qu'il est encore conscient ? Qu'il peut vous comprendre ? »

Car le plus terrible dans une hémorragie pulmonaire de ce genre, c'est que le malade reste conscient jusqu'au bout. Il se rend compte qu'il s'en va. Il a les yeux grands ouverts et, quand il arrive à parler, il s'excuse même de tout ce sang qui a jailli sur nous. Et moi j'étais là, à essayer de le rassurer, je ne pouvais même pas couvrir leur conversation, j'avais trop à faire pour le sortir de là. Le malade était devenu pour eux un objet de discussion ! Il n'existait plus en tant qu'être humain.

Pour moi jusqu'au dernier moment, même mort, il reste humain, il a une histoire, un vécu, des sentiments, des joies, des peines ; un patient, c'est toujours quelqu'un. Pendant ce temps, j'essayais de placer une sonde pour canaliser le sang qui continuait à gicler, je ne pouvais pas compresser, pas aspirer, et eux palabraient technique au pied du lit ! Moi aussi, j'avais besoin de calme pour faire ce travail désespéré. Cet homme n'a survécu que deux jours. Si nous ne l'avions pas découvert à ce moment-là, il serait mort tout seul dans une mare de sang.

Deux heures après cet incident, au cours duquel finalement je n'avais pas hurlé, j'avais encore la sensation de la chaleur du sang sur moi, et l'image de l'angoisse de cet homme. Je suis rentrée, j'ai pleuré tout ce que je savais. Pourtant le sang des autres ne m'impressionne pas et je ne panique jamais en cas d'urgence. C'est le comportement de ces deux médecins qui m'avait rendue malade de révolte.

Dans ce métier, je supportais à peu près tout, sauf les vomissements. Chacune de nous a sa petite phobie. Contrairement à certaines de mes collègues, poser une sonde urinaire à un homme ne me gênait pas. Pour certaines c'est le pus, pour d'autres les déjections. Il y a celles qui aspirent les bronches d'un patient en retenant des haut-le-cœur. Celles qui ont du mal à soigner les escarres. Je ne les crains pas, j'ai soigné des patients avec des escarres à mettre les deux poings dedans, j'avais mal pour eux, mais je pouvais le faire.

Nous avons eu assez souvent l'occasion de recevoir des personnes âgées venant d'une maison de retraite, et ces pauvres gens étaient dans un état cutané catastrophique, sales et avec des escarres épouvantables. Je me souviens d'une grand-mère, en particulier, pour laquelle on nous avait dit, à la maison de retraite :

« Mais non ! Elle n'avait rien en partant de chez nous, ça doit dater de deux jours à peine ! »

Quand on en arrive à toucher le sacrum, une escarre n'a pas deux jours ! Elle est bien plus ancienne, malheureusement. La pose systématique de sonde urinaire me révoltait aussi. Au lieu de faire lever cette femme et de l'aider à uriner, ou de se servir d'un bassin, ou d'utiliser des couches, on préfère l'inconfort d'une sonde urinaire. Ainsi il n'y a pas de change à faire toutes les deux ou trois heures, et on est plus tranquille...

La fille de cette petite grand-mère m'avait dit :

« Je ne comprenais pas pourquoi il fallait prévenir avant de venir la voir là-bas... Maintenant je sais, il fallait prendre le temps de l'habiller et de l'installer dans son fauteuil, de manière que nous ne puissions pas voir dans quel état elle se trouvait au lit ! »

Nous savions bien, nous, ce qui se passait, quand nous récupérions ces vieillards déshydratés et souffrant d'escarres. Alors, un jour, ce n'était pas mon rôle mais celui du médecin, je me suis mise en colère après la surveillante de cette administration qui téléphonait pour prendre des nouvelles d'un patient. J'ai vidé mon sac, tellement j'en avais gros sur le cœur. On ne devait pas m'aimer beaucoup là-bas, après cet éclat. Mais il était nécessaire.

J'estime que dans ce genre de maison de retraite privée on paie assez cher ! Et que les soins sont réduits au minimum. Ils attendent que les gens soient en mauvais état pour les envoyer à l'hôpital, alors qu'une prévention et une hygiène quotidienne éviteraient bien des souffrances à ces patients. Ou alors ils les lavent, les nourrissent, les couchent et attendent simplement qu'ils meurent. Ce système me rend furieuse et me fait peur. Je prie très fort pour que mes parents n'en aient jamais besoin. J'ai vu trop de choses qui m'ont révoltée. J'ai fait un stage dans une maison de retraite. J'ai vu des vieillards que l'on laissait toute la journée sur une chaise percée pour ne pas avoir à les changer. Un personnel absolument pas concerné par ce travail, mal formé et mal payé. Souvent je me disais : « Mais, du moment que les gens paient, pourquoi ne pas sélectionner du personnel qui a vraiment envie de faire ce travail ? Pourquoi ne pas le former correctement ? Pourquoi employer des gens qui ne viennent là que pour empocher leur paie ? Autant qu'ils aillent travailler dans un supermarché, où on ne peut pas faire de mal à une boîte de petits pois, même si on n'aime pas ça ! »

J'éprouve énormément de respect pour les personnes âgées. La relation avec le vieillard, comme la relation avec le malade, est avant tout selon moi une affaire de cœur. Une question de personnalité. La technique doit nous servir de base sur laquelle nous allons créer un véritable métier relationnel.

Un patient se rend bien compte que l'on est attentif à lui, que l'on va vraiment faire connaissance, établir une complicité. J'aime ce mot de complicité avec le malade, c'est ce qui s'est toujours passé pour moi. Parce qu'il a confiance en nous, il se sentira en confiance au sein de l'hôpital, avec les médecins, les infirmières, les aides-soignantes. Souvent le malade choisit son infirmière, il se sent mieux avec une telle ou une telle, et ainsi nous faisons un peu partie de sa vie, et lui de la nôtre.

Pour la plupart des patients, cette relation est un travail d'équipe, chacune y apporte son petit grain de sable. J'ai connu une exception avec Cédric. C'était de l'amour, du moins je le croyais.

Mon compagnon aurait dû être mon confident. Mais là aussi ce n'était pas possible. Je devinais qu'il n'avait pas envie de participer à mes soucis de métier.

Au fond, où que je me tourne, j'étais emprisonnée dans le silence.

Je vivais avec Cédric depuis près d'un an, lorsque ma dernière histoire avec un patient a eu lieu. Le destin m'a rattrapée par la conscience une troisième fois, et je n'y étais absolument pas préparée.

C'était un homme relativement jeune, la cinquantaine. Nous ne l'avions jamais vu, et je ne le connaissais pas. Il est arrivé dans le service sortant de réanimation, dans un état critique, après un arrêt cardiaque et respiratoire. Mais il était conscient, il parlait et ne souffrait pas. Cet homme était condamné par un cancer de la gorge, qu'il traînait certainement depuis longtemps. Il avait une vilaine ulcération sous l'oreille due à la radiothérapie. Régulièrement il fallait changer ce pansement, mettre à nu cette vilaine plaie au cou, qui ne demandait qu'à grandir et à exploser. Ce n'était pas beau, ça coulait et suintait en permanence. C'était difficile à supporter. Elle était fétide cette plaie, elle creusait sournoisement le peu de chair du cou et risquait à tout moment d'atteindre les carotides.

Il n'y avait pas grand espoir de la voir se refermer. Il fallait se contenter de soins quotidiens de confort et d'hygiène. C'était un stigmate pénible qui le menaçait d'une mort particulièrement horrible.

Peu après sa réanimation, il a décliné de plus en plus, puis il s'est mis à dormir beaucoup, il ne parlait plus, il n'était plus présent. Nous l'avons isolé dans une chambre. Nous ne savions pas s'il était encore conscient ou non.

Durant deux jours, il est resté ainsi coupé du monde, complètement déconnecté.

Et puis, un matin, les collègues aides-soignantes s'aperçoivent en faisant sa toilette qu'il sort de sa léthargie et semble vouloir nous dire quelque chose par gestes. On ne comprend pas de quoi il s'agit. Sa femme finit par deviner qu'il s'agit peut-être d'une gouttière qu'il avait eue dans la bouche en ORL et dans laquelle, je suppose, on devait placer un antalgique pour les gencives. Nous ne l'avions pas utilisée dans le service.

Vu l'état de son mari, sa femme avait rapporté toutes ses affaires chez elle, ses lunettes, ses objets personnels, dont cette gouttière.

Peut-être souffrait-il à nouveau de la bouche. Pour le savoir, nous lui donnons un papier et un crayon, il y griffonne des choses incompréhensibles. C'est terrible de ne pas comprendre. Il a mal ? Il a soif ? Impossible de savoir ce que veut cet homme.

Et, tout à coup, il se remet à parler :

« Un bain de bouche... »

Tout le monde sursaute.

« Mais ça va mieux, vous reparlez ! »

Sa réponse nous a sidérées :

« J'ai toujours pu... mais je ne voulais pas ! »

Est-ce que cet homme s'était enfoncé volontairement ? Coupé du monde en refusant de communiquer avec nous ? Ou avait-il réellement passé deux jours dans un sommeil profond ? S'il avait décidé lui-même de couper le contact, c'était un caractère vraiment déterminé.

Il semblait donc mieux, il avait reparlé... C'était surprenant. Mais, très souvent, ce passage du pire au « mieux » est le dernier. Pour les proches qui se sont préparés à la fin et tout à coup reprennent espoir, parce qu'ils ont vu revenir une lumière dans les yeux, entendu quelques mots, c'est déroutant. Car la chute est souvent plus dure encore. Nous le savons bien, et il nous arrive de nous dire aux transmissions :

« Tu as vu ? Ce matin, il est bien...

– Oui mais, attends... C'est pas le mieux avant... ? »

Et nous courbons le dos les jours suivants. C'était le cas pour cet homme.

Le lendemain ou le surlendemain, en tout cas peu de temps après, je suis du soir, je travaille avec une collègue. Ce patient est dans notre secteur. À 14 heures, j'entame ma tournée de soins, y compris pour les patients de ma collègue, qui a disparu quelque part. Elle discute peut-être avec quelqu'un. Je suppose qu'elle ne va pas tarder à remonter dans le service, sans d'ailleurs m'en inquiéter particulièrement. C'est alors que je vois arriver une infirmière d'un autre service de l'hôpital, qui connaît le malade. Son épouse étant elle-même infirmière, je pense à la visite amicale d'une de ses collègues.

Elle se dirige vers la chambre du patient, je les laisse tranquilles tous les deux pour discuter. Puis la visiteuse s'en va, je passe alors dans la chambre pour changer la perfusion.

Je trouve cet homme immobile au fond de son lit, en pleurs.

« Ça ne va pas ? »

J'ignore de quoi il a parlé avec l'infirmière et s'il pleure à la suite de cette visite ou non. Je le connais trop peu pour le lui demander. J'essaie seulement de le rassurer.

« Dites-moi ? Nous sommes là pour vous écouter, allons, qu'est-ce qui ne va pas ? »

Et cet homme me répond péniblement mais d'une traite :

« Je sais bien que c'est fini ! Je veux pas traîner. Je veux pas rester là à attendre. Je veux partir pendant que je suis encore bien... je veux pas me dégrader davantage. Je veux partir dignement ! »

Devant la fermeté du discours, il est impossible de raconter des mensonges. C'est la fin, il le sait parfaitement et l'exprime avec une lucidité d'autant plus impressionnante qu'il n'a presque rien dit en sortant de réanimation. Nos conversations se sont limitées à de petites phrases simples lorsque je changeais son pansement.

« Ça suinte encore...

– Vous avez bien nettoyé ma tablette ? »

C'était la première chose qui m'avait frappée chez ce patient, le souci d'hygiène, compréhensible vu l'état de cette plaie immonde qui le rongeait. Car peu de malades se préoccupent de l'hygiène. On les voit souvent poser leur pistolet sur la tablette et prendre leur repas à côté sans manifester aucune gêne.

Sa tirade à brûle-pourpoint m'a évidemment prise de court. Mais je savais que, deux ou trois nuits auparavant, sa femme avait déjà demandé à l'infirmière de nuit d'aider son mari à mourir. Ce qui avait énormément choqué cette infirmière. Elle en avait parlé à l'équipe aux transmissions. Et je m'étais dit alors : « Quand on est certaine de son refus, c'est facile d'en parler aux autres. »

Je comprenais cette femme. Devant l'approche de la mort de son mari, dans des conditions aussi dures, comment ne pas souhaiter une aide ?

On la sentait à bout de résistance. Lorsque je l'avais rencontrée, elle avait dit :

« Combien de temps ça va durer ?... Je ne voudrais pas qu'on s'acharne sur lui... »

Peu de gens expriment clairement ce sentiment. J'avais simplement trouvé sa réflexion contradictoire, car cette femme, infirmière elle-même, avait aidé à la réanimation de son mari quelques jours plus tôt. J'étais donc un peu décontenancée par sa réflexion. Et puis j'ai compris. La réanimation est un système d'urgence dans lequel on est entraîné. Même si l'on sait que la survie sera minime et dans des conditions déplorables. Après avoir agi en professionnelle, elle réagissait en épouse. « À quoi bon s'acharner puisqu'il est perdu ? »

J'ai eu l'occasion d'en parler avec une autre infirmière qui connaissait le couple. Elle avait discuté avec cette femme pour lui faire comprendre qu'elle avait choqué l'infirmière de nuit. Elle l'avait admis.

Quant à moi, je ne me sentais pas concernée à ce moment-là. Je connaissais peu cet homme, il n'était là que depuis quelques jours. Il ne souffrait pas, il ne m'avait rien demandé. Jusqu'à cette minute précise, où les larmes étaient encore visibles sur ses joues, et où il a ajouté brusquement :

« Vous, aidez-moi à partir ! Il faut que vous m'aidiez. »

J'en suis restée muette de stupéfaction. Choquée, moi aussi.

Cela ne ressemblait pas à ce que j'avais vécu auparavant, lorsque des gens, conscients de l'issue fatale de la maladie, m'avaient fait promettre de les aider, mais pour plus tard...

Chez lui, c'était une demande urgente, c'était maintenant. Il voulait s'en aller, et que je fasse quelque chose à l'instant présent.

Je n'ai pas eu le temps d'avoir peur, je n'ai pas ressenti la panique prolongée de l'idée qui mûrit jour après jour. Cette force de la promesse consentie, parce que l'on n'a pas dit non, donc que c'était un oui, et que l'on craint longtemps le moment fatal.

Cet homme m'aurait suppliée comme mes deux autres patients : « Le jour où ça n'ira plus, vous m'aiderez », là, j'aurais eu le temps d'avoir peur.

Mais lui ne pouvait pas compter sur une rémission, faire un calcul sur l'avenir. C'était fini ; la seule chose à laquelle il pouvait s'attendre, c'était la perforation, l'éclatement de sa plaie, et la mort dans des circonstances affreuses.

Sa demande était cruellement logique, partir avant cette horreur, et il n'avait guère de temps pour gagner cette course.

Aujourd'hui, avec le recul, je pense que cet homme était peut-être un partisan de l'ADMD (Association pour le droit de mourir dans la dignité). Mais, à l'époque, je ne connaissais pas ce genre d'association. Ce qui m'a frappée, c'est le ton décidé, une manière de dire : « Faites-le vite, moi je ne peux rien dans l'état où je suis. »

Son regard était lucide, insistant. Comme s'il voulait me faire comprendre en plus :

« C'est toi qui soignes, c'est toi qui as ce qu'il faut, pas moi ! »

Sur l'instant, tout cela a tournoyé dans ma tête à une vitesse folle : sa femme qui avait déjà demandé à l'infirmière de nuit, cette visite qui l'avait fait pleurer, peut-être un autre refus, et enfin cette demande si directe.

Je n'allais pas lui répondre que son état pouvait s'améliorer, et il le savait. Peut-être même avait-il tenté de mourir de force pendant ces deux jours où il ne voulait plus parler.

« Je pouvais, mais je ne voulais pas... »

C'était si étrange. Je ne savais vraiment pas quoi dire... j'étais prise de court et bouleversée. Alors j'ai fait ce que j'étais venue faire, poser la perfusion, en lui disant seulement que j'allais revenir. Sans savoir du tout ce que j'allais décider.

J'ai d'abord cherché ma collègue, toujours sans la trouver. J'ai su après qu'elle était au vestiaire, occupée à finir son planning. Si je l'avais croisée dans le couloir, je lui aurais peut-être passé le relais de ce malade, sans rien dire. En même temps, je me sentais comme quelqu'un à qui un être assoiffé a demandé à boire. Ce quelqu'un, moi, savait où trouver le verre d'eau. L'autre attendait l'eau.

Il ne fallait pas non plus que je me donne le temps de trop réfléchir, j'étais seule, mais pas pour longtemps. Ou il fallait répondre immédiatement à la demande de ce malade ou il fallait le fuir définitivement. Fermer la porte et ne plus jamais y retourner. L'abandonner à son sort.

C'était lâche. Ceux qui n'ont jamais reçu de demande de cet ordre ont certainement du mal à comprendre ce sentiment de lâcheté que l'on éprouve, à vouloir fuir devant le courage de celui qui demande de l'aide pour quitter ce monde.

Si je devais prendre une décision maintenant, c'était une vraie décision, tranchante, claire et technique. Il n'était pas sous morphine, je ne pouvais pas appuyer sur le bouton d'une seringue électrique, augmenter un peu le débit pour le calmer et l'endormir. En me disant, comme les autres fois : « Je ne saurai jamais si c'est moi ou la machine. Je ne saurai jamais de combien de temps j'ai avancé ce départ en douceur. »

Je ne pouvais même pas me préserver un peu de cette manière. Dans ce mélange de flou vertigineux, ce geste pour un patient déjà dans le coma, à qui on a promis, tout est différent. C'est un geste d'amour et de compassion. Le dernier soin que l'on puisse offrir. Même s'il est dur à accomplir et à vivre ensuite.

L'urgence était beaucoup plus difficile à assumer. Pour moi, qui connaissais si peu cet homme, la demande était brutale. Et je le trouvais courageux de regarder une infirmière en face, en lui disant : « Faites ce que je ne peux pas faire ! » Il me mettait cruellement en face d'une responsabilité que j'avais déjà prise, mais dans d'autres conditions.

Si je n'avais pas eu l'occasion d'aider deux patients avec lesquels je m'étais complètement impliquée, j'aurais fui.

Mais j'avais *déjà* aidé... Et l'on reçoit différemment un tel désespoir lorsqu'on a *déjà* cédé. Il était mourant ; tout le monde, même sa femme, attendait une fin qui pouvait survenir à n'importe quel moment. Je savais tout cela. Je savais que personne ne s'en apercevrait. J'étais à nouveau confrontée au grand problème de l'interdit et au pied du mur. Avec une composante importante que j'entrevoyais avec effroi et lucidité : il est conscient, je le suis aussi, c'est un véritable face à face avec un mourant, que je vais devoir affronter. Je dois m'assurer qu'il le veut vraiment, décider devant lui et avec lui, les yeux dans les yeux. Et j'ignore si j'aurai le courage de l'aider. Le même courage que lui, finalement. Celui de la charité, de la compassion. Comment le refuser à celui-là, après l'avoir accordé à d'autres ? Il a besoin d'une réponse de toute façon. Et j'ai promis d'y retourner. Il m'attend.

Le temps d'aller boire un verre d'eau à l'office et de me dire tout cela, il a pu se passer une dizaine de minutes. Je me revois très précisément devant ce verre d'eau que je repose. Je commence à trembler d'émotion. C'est le début de l'après-midi, il est peut-être 14 h 30 ou 15 heures. Je n'ai toujours pas vu ma collègue, les aides-soignantes sont probablement occupées dans une chambre. Si je dois affronter cette situation, c'est maintenant.

J'ouvre la pharmacie, je prends l'ampoule de potassium, une seringue, ma main flanche en introduisant l'aiguille pour aspirer le produit. J'ai beaucoup de mal à accomplir ce geste banal. Je jette l'ampoule dans la poubelle. C'est le silence dans le couloir, et je suis en train d'agir en cachette comme une voleuse. Avec un double sentiment d'urgence et d'indécision.

Et je retourne dans la chambre, la seringue dans une enveloppe et l'enveloppe dans ma poche. Je ne sais pas encore si je dois m'en servir. Je vais d'abord lui parler.

Il ne pleure plus, il m'attendait et me regarde droit dans les yeux.

Son visage et son regard levés vers moi sont une question silencieuse : « Alors ? » Je prends mon temps. Sans paniquer. C'est trop grave, et je dois être certaine de son vœu.

« Est-ce que ça va mieux ?

– Je vous en supplie, aidez-moi... Je sais que c'est la fin, je veux partir dignement, je veux partir maintenant, je veux plus être là, je veux plus être là. »

Il répète presque les mêmes phrases que tout à l'heure, avec encore plus de conviction. Ce n'était pas l'impulsion d'un moment de découragement. C'est une décision qu'il a en tête, et depuis longtemps. Là encore je pense que, si cet homme avait la moindre force, il se lèverait pour tenter lui-même quelque chose, se jeter par une fenêtre, avaler n'importe quoi...

Je le comprends. Il veut partir maintenant avant la déchéance totale. Il est encore un être humain au fond de ce lit, il n'a que sa parole pour le demander. C'est tout ce qui lui reste au monde. Sa parole pour demander.

« Mais vous vous rendez compte de ce que vous me demandez ? C'est grave, ce que vous dites ! Vous êtes sûr ?

– C'est pas la peine de tricher et de mentir, je sais que c'est la fin, je veux partir. Aidez-moi à partir. »

– Je peux vous aider, mais c'est difficile... »

Son visage s'éclaire, il répète encore :

« Je vous en supplie, aidez-moi. »

J'ai pris sa main, je l'ai serrée très fort pour lui montrer que j'avais bien compris ce qu'il voulait, et que je ne le lâcherais pas. Mais je ne pouvais plus parler, l'émotion était trop forte devant ce regard d'espoir.

J'ai sorti la seringue de ma poche, et il m'a regardée avec un sourire de soulagement indescriptible. Un sourire que je n'avais jamais vu sur le visage d'un homme. Il s'est détendu complètement. J'étais enfin la réponse qu'il attendait. Devant ce visage, ce sourire d'enfant et ce soupir de soulagement, j'étais fascinée mais lucide.

« Vous êtes sûr ?

– Aidez-moi. »

Je n'ai rien précipité. J'ai pris le temps de demander peut-être trois ou quatre fois : « Vous êtes sûr ? » Chaque fois il a répété : « Aidez-moi... »

Alors, sans lui lâcher la main, j'ai injecté le potassium dans la perfusion. Juste un léger sursaut, et il est parti avec ce sourire extraordinaire. J'ai gardé sa main dans la mienne un moment, je ne suis pas sortie immédiatement de la chambre. Je me suis entendue lui dire :

« Vous vous rendez compte de ce que vous venez de me faire faire ? Vous vous rendez compte ? »

J'avais sous les yeux le visage de cet homme tranquille, je pensais à lui, à moi, l'inconnue qu'il avait choisie pour quitter ce monde, je pensais aux deux autres. Au fait que j'avais recommencé. Et en même temps cette vision d'un homme qui dormait heureux, parti avec un tel sourire, la main dans la mienne, me réconfortait.

Ce que j'avais fait ne pouvait pas être mal. Il était libéré.

Et là je me pose la question : les autres m'ont choisie parce qu'ils me connaissaient réellement, lui c'est uniquement le destin. Pourquoi est-ce à moi qu'il le demande ? Le hasard. En une semaine, je l'ai vu deux, trois jours, nous ne nous connaissions pas. J'aurais pu tout aussi bien être de repos ou dans un autre service ce jour-là. Ma collègue devrait être ici puisque nous faisons le tour des malades ensemble. Alors pourquoi moi ?

C'est après, bien plus tard, en rentrant chez moi, que j'ai eu peur rétrospectivement. Une fois de plus je n'avais pas songé au danger d'être découverte, à cette ampoule et à cette seringue que j'avais tout bêtement jetées dans la poubelle. Je ne comptais pas, c'était l'autre le plus important. Sa décision courageuse de partir dignement. Ensuite, j'ai joué mon rôle dans un état étrange. Je suis sortie puis retournée dans la chambre deux minutes plus tard pour appeler les aides-soignantes. Je venais simplement de découvrir un patient décédé, tout le monde s'y attendait, c'était triste mais normal.

J'ai prévenu sa femme avec les précautions habituelles :

« Il n'est pas bien, il faut venir. »

Elle a compris immédiatement. Lorsqu'elle l'a vu, les traits détendus et calmes, elle a pleuré, mais je la sentais soulagée au fond d'un calvaire qui durait depuis si longtemps. Je lui ai dit qu'il n'avait pas souffert, et elle le voyait bien.

Ma collègue est arrivée, ennuyée de ne pas avoir été présente au moment du décès.

« Excuse-moi, j'étais dans le vestiaire en train de finir le planning.

– C'est pas grave... je me suis occupée de prévenir la famille. »

Je ne lui en voulais pas de son absence, je me disais simplement que si elle avait été à sa place... le destin aurait changé de cap, et m'aurait épargnée.

Cette fois, j'ai subi le contrecoup différemment. C'était terriblement dur d'accepter mon geste, et je n'arrivais pas à faire le point autrement qu'en me répétant : « C'est le destin. Personne d'autre ne voulait l'aider. J'étais là... »

Lorsque je suis rentrée chez moi, Cédric était déjà couché et prêt à dormir. Il ne m'a pas demandé comment s'était passée ma journée, il me le demandait rarement.

Une fois la lumière éteinte, j'ai pu pleurer et me vider de cette charge émotionnelle trop violente. Je revoyais le premier, le deuxième. Et maintenant cet homme. Je me jurais de ne plus jamais recommencer. Et cette fois j'en étais sûre. J'avais trop peur, j'étais hors la loi et en danger ; si on me découvrait, on me traiterait de criminelle. Est-ce que j'étais vraiment une criminelle ? Non, il y avait ce sourire qu'il m'avait légué en remerciements. Cet incroyable sourire d'ange, pour ce repos enfin accordé. Et je pleurais aussi sur ce sourire. J'étais devenue infirmière pour soigner, par dévouement, et voilà que ce dévouement allait jusqu'au bout, jusqu'à l'ultime. Pourtant chaque fois je n'en tirais aucun apaisement personnel. Parce que c'était interdit, et que j'étais coupable, malgré toutes les bonnes raisons qui me poussaient à agir.

Je pleurais tellement que Cédric a fini par me demander ce qui m'arrivait.

« C'est rien, c'est le travail, ça va passer.

– Tu es sûre ? Quelque chose ne va pas ?

– Ne t'inquiète pas, c'est le travail, il y a des fois où c'est difficile, j'ai encore perdu un patient...

– Bon. »

C'est tout. Il n'a pas dit : « Je peux sûrement t'aider. Raconte-moi. » Il n'insiste pas. Du moment que j'ai dit « ce n'est rien », il se rassure tout seul. Mais moi ?

C'est drôle, cette nuit-là, j'ai pris conscience d'avoir imaginé beaucoup de choses pour ma vie de couple, mon avenir. L'image d'un mari qui vous soutient, veut savoir ce que vous avez dans la tête et veut vous aider. L'image d'un père qui s'occupera de son enfant, prendra le relais le temps que la mère souffle un peu... L'image d'un homme idéal. Un rêve.

Je m'aperçois que toutes ces choses ne sont pas possibles. Que je suis obligée de prendre toutes les décisions, et d'assumer la totalité de notre vie de couple. Je vis avec un homme, mais il est malade, et j'ai toujours l'impression de vivre seule.

Et pourtant je l'ai choisi. Alors je m'interdis de songer à une rupture, je ne veux pas le faire souffrir. Il y a sa maladie, il a déjà vécu un divorce... Il m'a dit que, lorsqu'il était tombé malade, sa femme était partie... Je ne peux pas le décevoir. Je suis sa compagne et bientôt sa femme. De plus je suis injuste de lui reprocher son silence. Je sais bien que je ne lui confierai rien. Ce n'est pas sa faute. C'est la mienne.

Voilà. J'y pense ce soir-là, donc je pleure aussi sur mes illusions perdues. Ma vie ne va pas bien. Mais je tiendrai. Je me marierai, nous ferons tout ce qu'il est possible médicalement pour avoir un enfant. Je survivrai à cette drôle d'existence, le grand bonheur idéal n'est pas pour moi. Au moins, je ne veux plus être là pour la mort des autres. Plus jamais. Cette spirale infernale doit s'arrêter. Le destin me court après, je ne veux plus être celle qui prend en charge la souffrance du monde. Désormais, je fuirai pour mon salut.

C'était au printemps 1998. Ce secret lourd à porter allait devenir plus lourd encore. Cette vie qui n'allait pas bien, j'allais décider de la foutre en l'air, et de partir sans rien dire.

Ce dont on m'accusait à l'époque, ces quelques milligrammes de tranquillisant, n'avait rien à voir avec mon secret. Strictement rien. Or, dérision fatale, c'était ce strictement rien qui allait me faire comparaître devant la police. Interrogée comme témoin, m'avait-on dit.

Alors qu'au fond de moi, pesante comme une autre vie qui ne serait pas vraiment la mienne, je traînais une autre culpabilité, bien plus grave, impossible à avouer.

Ce matin-là, à la clinique, pour être sûre d'avoir toute ma tête, de me comporter dignement devant la police, je n'ai pas avalé les médicaments qui me transformaient en zombie égaré.

Ce n'est pas ce que j'ai fait de plus intelligent.

J'aurais dû me préserver, moi si faible que l'on peut apeurer facilement. Mais lorsqu'il s'agit de moi, de mon existence, je m'oublie assez vite. Les autres comptent davantage. Et mon secret étant surtout le secret des autres, par devoir envers eux je voulais le préserver à tout prix.

Non seulement je n'y suis pas parvenue, mais j'allais le payer cher.

7.

Le psychiatre m'avait dit que je serais entendue par la gendarmerie, que l'on me suspectait d'avoir aidé un patient à mourir. Mais, quelques jours plus tard, il a précisé que mon « affaire » se compliquait, on ne m'accusait plus d'avoir aidé un seul patient mais d'être responsable de plusieurs décès.

L'interrogatoire était prévu pour le 7 juillet.

Entre-temps, il a accepté de me laisser sortir le week-end du 4 juillet, pour le mariage de ma sœur Céline. J'ai dû y faire piètre figure, je ne pouvais plus songer au mien en toute sérénité. Je regardais Cédric dans son fauteuil, il n'avait pas posé de question particulière, il n'avait pas parlé de ma tentative de suicide. J'avais en tête les propos du psychiatre : « Il ne faut pas l'épouser... »

J'étais un peu en prison dans cette clinique. Ce psychiatre gérait ma vie, me dictait un comportement, décidait de me laisser sortir ou pas ; c'est lui qui m'informait de ma convocation devant la police. De quel côté était-il ? Je devenais paranoïaque ?

Je n'étais pas parvenue à me libérer avec lui. Quelque chose me bloquait dans son attitude, le sentiment qu'il n'était pas dupe, qu'il avait perçu une faille dans mon comportement. Chaque fois que je mettais les pieds dans son bureau, je me refermais d'avance dans l'espoir de ne rien laisser transparaître. Mais je me sentais en danger et, à force de nier, je ne savais plus moi-même qui j'étais.

Il y avait la Christine qui s'accrochait aux apparences, celle qui disait n'avoir rien fait, et l'autre, celle qui avait du mal à dormir, à se maintenir le jour à la surface des choses et des êtres, qui cherchait à enfouir la vérité avec de plus en plus de souffrance. Apparemment, j'allais un peu mieux, intérieurement c'était toujours le vide de la solitude, entretenu par la brume des médicaments. Je ne voulais plus mourir du tout, mais je me demandais comment j'allais pouvoir survivre avec cette menace suspendue au-dessus de ma tête en permanence. Quand allait finir ce cauchemar ? J'espérais tant retrouver ce faux équilibre dans l'oubli profond de mes actes. Mais il fallait d'abord subir l'épreuve de l'interrogatoire. Et tenir.

Le 7 juillet 1998 au matin, je m'habille de mon mieux, d'un pantalon clair et d'une chemise bleu marine. J'ai ma montre, mes bagues, mon bracelet et mon collier, je suis maquillée aussi parce que le psychiatre m'y force depuis que je suis là. Il veut que je m'occupe de moi pour surmonter la dépression. Au fond, personne n'a compris cette tentative de suicide, et pour cause.

Pendant le trajet dans la voiture de l'assistante sociale de la clinique, je jette un œil dans le rétroviseur à chaque carrefour. Céline nous suit. Sa présence me réconforte.

L'assistante sociale m'accompagne d'abord à la gendarmerie comme prévu ; fausse piste, c'est au commissariat de police que je serai entendue. On m'explique que le commissariat local a mis un bureau à la disposition de la police judiciaire. Il s'agit simplement de traverser la rue. Le fait de rester dans un périmètre connu, non loin de la clinique, me rassure vaguement. Céline ne veut pas me quitter, espérant pouvoir m'aider à supporter cette épreuve. Je me sens moche de continuer à lui mentir, comme aux autres, mais je n'ai pas le choix.

Dans ma tête, je vais garder la même attitude et nier, parce que j'ai trop peur. Une énorme peur qui se divise en plusieurs. Celle de trahir mes patients, en premier lieu. Pour moi, la promesse faite à un mourant est sacrée. Je n'ai pas l'esprit religieux, mais je serais damnée en quelque sorte si j'étalais leurs dernières volontés au grand jour. Celle de trahir la confiance de mes parents et de ma sœur à qui j'ai menti. Enfermée depuis si longtemps dans un mensonge aussi lourd, je sens que dire la vérité me détruirait. Pourtant ce serait peut-être le moment ou jamais de crever l'abcès, j'en suis consciente. La seule chance qui me soit donnée de me libérer intérieurement, mais que je refuse encore.

On m'attend. Deux policiers. Un homme et une femme. Ils m'accueillent dans le hall du commissariat. La femme me demande de la suivre pour remplir des papiers au premier étage. L'homme reste avec ma sœur et l'assistante sociale. J'ai emporté mes médicaments, pour midi et éventuellement pour le soir, si l'interrogatoire durait trop longtemps. On m'a dit que je ne serais retenue que quelques heures, peut-être jusqu'au soir sans plus. Pendant que la femme policier prend mon identité, une question me tourmente :

« Comment se fait-il que je sois interrogée la dernière alors que je suis la principale intéressée ? Ce n'est pas moi qui aurais dû être interrogée en premier ?

– Non, c'est la procédure.

– Je suis entendue à quel titre ? Est-ce que vous m'entendez en tant que témoin ? En tant que suspecte ?

– En tant que témoin principal. »

Je respire. L'avocat m'avait dit de réclamer sa présence, si l'on m'interrogeait en qualité de suspecte, et dans ce cas de ne pas parler. Comme je suis entendue en tant que témoin principal, je leur fais confiance. À la fin de l'interrogatoire d'identité, soudain cette femme me dit :

« Maintenant nous allons à la PJ de X. À partir de maintenant vous êtes en garde à vue, vous avez le droit de donner un coup de fil, et droit à une visite de médecin... Désirez-vous prévenir quelqu'un ?

– Ma sœur est en bas...

– Vous voulez passer un coup de fil ?

– Oui, à mon avocat. »

Elle s'en charge. J'ai les jambes qui tremblent, je panique complètement ; à cet instant, j'ai le sentiment d'avoir été trompée, d'être considérée soudain comme une criminelle. Pourquoi m'emmener ailleurs ? On m'avait dit à la clinique que je reviendrais le soir, je pensais qu'ils étaient au courant, qu'on leur avait bien expliqué les choses.

« Mais vous aviez dit " comme témoin " ?

– Vous êtes en garde à vue pendant vingt-quatre heures, renouvelable vingt-quatre heures. Vous pouvez donc être détenue pendant quarante-huit heures. C'est légal. Vous voulez voir un médecin ? »

J'avais bien entendu des dialogues de ce genre dans les séries télévisées, je les croyais inventés, je n'avais jamais été confrontée au problème. À l'idée d'être « détenue » par ces gens quelque part, loin de la clinique, je m'affole. Cette expression de « garde à vue » sonne comme une condamnation.

Je refuse de voir un médecin. L'homme descend au rez-de-chaussée demander mon traitement médical à Céline, elle le lui donne : il y était prévu deux prises de médicaments. Il en réclame davantage. Céline doit retourner à la clinique pour obtenir la dose du lendemain et du surlendemain. Elle les apportera à la PJ, et je pars en voiture avec ces deux policiers. Lui conduit seul à l'avant, je suis derrière avec elle. Elle tente de me rassurer par une banalité.

« Ne vous inquiétez pas, ça va bien se passer. C'est plus confortable là-bas, on a notre matériel, notre ordinateur, on sera plus à l'aise dans nos bureaux. »

Mais je ne leur fais plus confiance, j'ai le sentiment qu'ils me considèrent déjà comme une coupable. Même s'ils essaient de me rassurer, leurs propos sonnent faux. Maintenant ils discutent entre eux de leurs projets de vacances, de la pluie et du beau temps.

Je m'accroche à l'idée que si je nie, ils n'ont aucune preuve. On ne m'a pas vue, personne ne peut savoir, je n'ai jamais rien laissé paraître. Ils ont des doutes, mais rien de concret, rien de matériel, rien... sinon une dénonciation particulière, je pense à cette lettre que j'ai reçue d'une de mes collègues.

De toute façon, je vais redire la même chose qu'aux médecins, ce que j'ai dit à tout le monde jusque-là à propos du dernier malade, puisqu'il doit s'agir de lui. Alors je repasse en détail cette journée du dimanche dans ma tête. *J'ai fait ceci, cet homme était dans tel état, il avait de plus en plus de mal à respirer, il désaturait, j'ai débouché sa perfusion, il est décédé, nous étions tous là avec lui.*

Je ne dirai rien d'autre. Même si certaines de mes collègues ont déclaré : « On est sûres qu'elle a fait quelque chose... », elles n'ont pas de preuves !

Nous arrivons au siège de la PJ locale. Nous montons un étage. J'ai chaud, mes joues sont enflammées, et mes jambes tremblent à chaque marche. Je tremble déjà beaucoup avec le traitement médical et, même sans l'avoir pris ce matin, j'ai du mal à contrôler mes muscles.

À un moment donné, l'idée m'effleure de leur dire que je ne suis pas en état d'être interrogée, que je suis complètement droguée et fatiguée, mais je l'abandonne. Ils ont dit vingt-quatre heures, peut-être quarante-huit heures. Le compte à rebours est déjà commencé pour moi depuis plus longtemps, il vaut mieux aller jusqu'au bout et que ce soit fini. Je n'ai presque pas dormi ces derniers jours ; la veille au soir, j'ai dû prendre un comprimé supplémentaire de tranquillisant pour y parvenir. Il faut tenir le coup. Il le faut.

On me photographie, on a pris mes empreintes doigt après doigt. On me demande si j'ai des signes particuliers, des cicatrices. Je montre une cicatrice de cheville. La femme me dit :

« Vous voyez, ce n'est pas si difficile que cela ! Ça se passe bien ! »

J'ai répondu « oui ». Mais c'est une formalité humiliante d'appliquer ses empreintes sur un carton, d'offrir son visage à une machine automatique qui vous prend en photo. C'est un couperet dans une ligne de vie, maintenant je suis fichée irrémédiablement. Je leur appartiens. La bonne petite élève, l'infirmière modèle, celle qui cherchait tant l'impossible perfection, se retrouve en carte comme une malpropre avec tous les assassins et les voleurs du pays. J'ai un terrible pincement au cœur, et les joues rouges de honte.

Nous sommes dans une pièce avec une fenêtre au fond sur la droite, il y a trois bureaux. Deux en face à face et un autre perpendiculaire.

L'homme et la femme me font asseoir à ce dernier bureau, il s'installe à celui de droite, et elle à gauche. Il n'y a rien devant moi, aucun papier, une table lisse, vide, un désert inquiétant. Rien à saisir et à triturer pour occuper mes mains.

Devant eux leurs ordinateurs, et une lampe, cette fameuse lampe que l'on voit dans les films, éblouissant le suspect. J'attends. L'homme demande :

« Qui commence ? Ma collègue ou moi ?

– Je préfère que ce soit elle...

– Ma collègue, si vous préférez... Alors elle va prendre votre déposition, hein ? Vous allez lui raconter votre vie, lui dire un peu qui vous êtes, pourquoi vous avez voulu faire ce métier, depuis quand vous travaillez, ce que vous avez fait. En gros, vous lui racontez votre vie... »

Et il s'en va. Donc je commence à dire à cette femme qui je suis et la fille de qui, pourquoi j'ai toujours voulu faire ce métier, que j'ai une sœur mariée, étudiante en lettres modernes, où habitent mes parents, ce qu'ils font...

Elle tape le procès-verbal au fur et à mesure. Elle ne pose pas de questions immédiatement. Tant que je parle toute seule, tant que je lui dis des choses sur moi, sur ma famille, sur mes motivations, sur mes loisirs, elle ne pose aucune question. Je ne sais pas combien de temps ça dure, peut-être une demi-heure ou plus.

« Bon, maintenant, on va en venir aux faits. Vous savez ce qu'on vous reproche ? De quoi on vous accuse ? On vous accuse d'avoir euthanasié un malade. On a des doutes, on a entendu vos collègues et on sait déjà certaines choses. Maintenant on voudrait votre version. Allez-y, dites-nous. »

J'explique la journée, l'état de ce patient, et ce que j'ai fait.

« Une collègue vous a vue avec une seringue à la main !

– Ce n'est pas possible, elle n'a pas pu me voir avec une seringue. La seule que j'aie utilisée, c'était pour déboucher la perfusion d'un malade, elle n'a pas pu la voir, elle était occupée à autre chose ! »

Cette histoire de témoin qui m'aurait vue sortir d'une chambre une seringue à la main est invraisemblable. Si j'avais dû me servir d'une seringue, je l'aurais jetée, comme je l'ai fait pour ce malheureux la troisième fois. À quoi ressemble ce témoignage ? À un ragot ou à une pure invention ?

J'ai très chaud et très soif, car j'ai parlé beaucoup et les médicaments me dessèchent la bouche. Je n'ai plus de salive, et la tête en bois.

Mais j'ai tellement répété ce rôle depuis deux mois devant tout le monde... à qui voulait l'entendre, au psychiatre, au psychologue, à l'expert psychiatre, que je suis devenue une sorte de robot à la parole mécanique. La seule chose non dite dans mon récit, c'est ma décision de donner quinze milligrammes de tranquillisant supplémentaires à ce patient. C'est peut-être une erreur de ne pas leur avouer au moins cela, mais j'ai trop peur. Je n'avais pas le droit de le faire. C'est une faute, de toute façon.

Mais, si je commence à expliquer que, pour soulager un patient un dimanche, il faut se battre avec le médecin de garde, donc que j'ai pris seule la décision... ils vont sauter là-dessus, pour m'enfoncer.

Il est environ midi et demi. C'est leur pause déjeuner, et l'homme est de retour. Je n'arrête pas de trembler, je suis sur les nerfs. Et de toute manière je n'ai pas faim.

« Si... si, il faut quand même manger. Nous allons chercher des sandwiches, vous ne voulez pas quelque chose ?

– Rien, merci. »

Il insiste, finit par me proposer un flan, et j'accepte un flan et un thé. L'homme me donne mes médicaments, et ils ne s'occupent plus de moi. Ils discutent, papotent entre eux, comme si je n'existais pas.

Je suis là, avec mon flan et mon thé comme une idiote invisible. Une fois de plus, je ne prends pas les médicaments. Il y a des tranquillisants, plusieurs pilules. Grave erreur de ma part, probablement, car je vais très vite me retrouver dans un état de nervosité proche du manque, alors que j'espérais être lucide.

Je demande à aller aux toilettes. On m'y accompagne et on reste là devant la porte. Je me sens véritablement prisonnière, coupable, humiliée davantage, avec ces deux personnages qui attendent, comme si j'allais m'enfuir par un trou de serrure. Je ne peux même pas faire ce pourquoi j'ai demandé à venir là. Le stress, l'angoisse m'ont toujours bloqué la vessie. Je ressors sans m'être soulagée.

« Ça va ? Oui ?

– Oui.

– Si vous voulez voir un médecin...

– Je ne veux pas voir de médecin... »

Il me servirait à quoi ? À repousser encore ce délai des vingt-quatre ou quarante-huit heures ?

L'interrogatoire reprend, et cette fois l'homme reste là. Puis je relis le procès-verbal, je signe. Je me sens soulagée, normalement c'est fini. Je vais rentrer à la clinique, me coucher, dormir...

Or c'est là que le cauchemar commence.

Je n'avais pas prêté beaucoup d'attention à l'homme. Il était resté jusque-là plutôt inodore et sans agressivité. Soudain il est tendu, irrité.

« Bon, mademoiselle Malèvre, ça commence à bien faire ! Vous savez pourquoi vous êtes là !

– Oui...

– Vous savez de quoi on vous accuse !

– Mais, oui je...

– S'il vous plaît, laissez-moi parler ! »

Aussitôt je sens la terreur m'envahir. Il sort une liasse de papiers, des dossiers.

« Vous savez, vos collègues, on les a toutes entendues ! On a entendu tout le monde avant vous, alors c'est pas la peine de me raconter des histoires, j'ai toutes les preuves. »

Et il jette cette liasse de papiers sur le bureau.

« Là-dedans, il y a toutes les preuves ! On sait que vous êtes coupable, on sait que vous avez tué des gens, c'est pas la peine de mentir, je vous dis qu'on le sait ! »

Je n'ose pas le regarder, je baisse les yeux morte de peur. Il a haussé le ton, il hurle maintenant. Il m'appelle « Christine » et me dit « tu », puis, « mademoiselle Malèvre » et me dit « vous »...

« Christine, regarde-moi ! »

Il est dur, brutal, il crie, je n'entends même plus ce qu'il crie. Je suis paniquée et je réponds « non, non, non »...

« On sait que vous êtes coupable, on sait que vous avez tué des gens ! »

Tué des gens... Cette phrase me vide instantanément du peu de confiance en moi qu'il me restait. Comment peut-il m'accuser d'avoir tué ? Qui a dit que j'avais « tué » ? C'est horrible de tuer !

« Allez, c'est pas la peine de nier, dis-le, on le sait.

– Non, c'est pas vrai ce qu'on vous a dit ! C'est pas vrai !

– C'est pas la peine de me mentir, j'ai les preuves que tu as tué des gens ! »

Il le redit, le hurle encore, jusqu'à ce que je me mette à pleurer... puis à sangloter.

Je me sens mal, je ne sais plus ce qu'il faut dire, J'ai la tête si vide, vertigineuse.

« Cet homme, là ! Cet homme, alors ? Hein ? »

J'ai l'impression qu'il a les yeux exorbités en permanence pour me faire peur.

« On a toutes les preuves, c'est pas la peine de mentir, on sait que vous avez tué ces gens, on sait que vous êtes coupable, c'est pas la peine de nier. »

Et il se remet à hurler, méchamment cette fois :

« Christine, regardez-moi ! »

Et je le regarde, effrayée.

« Ça ne sert à rien de nier, de toute façon on restera là le temps qu'il faut, jusqu'à ce que vous vous décidiez à avouer. Moi, je ne suis pas pressé, j'ai tout mon temps, j'ai toutes les preuves qu'il me faut. »

Je reste silencieuse. Je réponds par des signes de dénégation.

Alors il devient méchant. Et j'éclate en sanglots.

« Mais vous pensez un peu à vos parents ? Qu'est-ce qu'ils en penseront vos parents de tout ça quand on va leur dire ? Vous imaginez un peu ? »

Plus ça va, plus il crie fort... Il y a des heures qu'il crie ainsi au-dessus de ma tête. Il scande les menaces alternativement, les parents, et maintenant mon mariage...

« Vous ne deviez pas vous marier, là ? Vous voulez que j'annule votre mariage ? »

C'est un monstre pour moi, un bourreau. Parce qu'il vient de toucher à ce que j'ai de plus précieux, l'image de Christine pour ses parents, l'image de Christine pour Cédric. Pas une seconde je ne trouve ces menaces stupides, comment pourrait-il annuler mon mariage ? C'est idiot ! Mais il a compris probablement que le point faible était là, que je suis une enfant facile à terroriser, on a dû lui expliquer mon caractère, alors il a joué sur ma faiblesse.

« Vous devez vous marier, non ?
– Oui.
– Quand ?
– Au mois d'août.
– Vous voulez que je le fasse annuler, ce mariage ? Vous voulez que je le fasse annuler ? C'est facile ! »

Alors soudain je me décide, en larmes et dans un brouillard total :

« Oui, j'ai aidé des patients à mourir... »

Je ne peux pas le laisser aller raconter tout cela à mes parents sans précaution. C'est à moi de leur dire un jour, je ne veux pas qu'il annule mon mariage... qu'il aille dire à Cédric : Votre fiancée a tué des gens !

Il m'a traitée comme une petite fille qui aurait commis un vilain péché, et j'ai répondu exactement comme si j'avais dix ans.

Et je m'en veux lorsque je me comporte ainsi, je m'en veux de ce côté puéril, enfantin, qui me fait toujours céder à plus fort que moi. Je me dis que je n'ai pas de courage, que je suis lâche, une gamine incapable de prendre ses responsabilités.

Sur le moment, je n'ai pas le temps de me fustiger ainsi. Je ne pense plus. Il me manipule comme une marionnette. Ses cris résonnent directement dans mon cerveau. Je me perds totalement dans cette terreur démesurée, immense, je m'y noie sans même avoir conscience de ce qui se passe.

Lorsque je songe aujourd'hui, à la suite de cet interrogatoire fou, vécu comme une torture mentale, je me demande dans quel état psychologique je me trouvais. Je me demande si cet homme avait le droit de hurler, de menacer comme il l'a fait, au point de me faire avouer ensuite l'impensable.

Je n'en pouvais plus. Il me harcelait depuis le début de l'après-midi, j'ai perdu la notion du temps. J'ai craqué.

Il est encore difficile pour moi aujourd'hui de retrouver la chronologie des événements durant ces deux jours. À quel moment j'ai commencé à dire : « Oui, pour lui je suis responsable, je l'ai aidé... je suis coupable... » C'était, je crois, sans en être sûre, à propos de ce patient pour lequel j'avais décidé d'augmenter la dose de tranquillisant.

Je voulais dire coupable de lui avoir donné une dose de plus, c'est tout, mais je l'ai mal dit. Je me revois en train d'essayer de refaire les calculs de dose que je connais pourtant sur le bout des doigts, et je me trompe, je n'arrive plus à calculer, à faire une simple règle de trois ! Cet homme qui ne cesse de hurler me fait quasiment perdre conscience. Il croit parler à quelqu'un de lucide, alors que je suis complètement égarée.

La dose que j'ai ajoutée ? Je ne m'en souviens même plus sur le moment. Le produit non plus. Il brandit toujours ses papiers, hurle sans arrêt qu'il a des preuves, et je me noie. Il jette une accusation, je réponds n'importe quoi.

J'ai dû mêler ce que je voulais taire avec ce que j'essayais de dire. Je paniquais totalement, mais je me demande aujourd'hui si ce n'était pas volontairement. Comme une sorte de défense maladroite ? Je n'en suis pas sûre. Dès que l'on provoque la peur chez moi, je perds complètement les pédales. De ce côté-là je suis très vulnérable.

Il ne prenait pas encore de notes, il me semble. À un moment il a enchaîné sur un autre ton, plus froid :

« On vous reproche d'avoir été aux obsèques de vos malades.

– De certains, oui, c'était normal, je n'étais pas la seule. Un jour, j'y suis allée ; une autre fois, je n'étais pas là... »

Alors il veut parler de la mort, de ma relation avec la mort... Je trouve cela un peu étrange, c'est une question de psychiatre, pas de policier. Mais au moins il ne hurle plus. Un peu plus calme, je réponds que j'ai lu des ouvrages comme *La Mort intime*, et d'autres livres aussi sur ce sujet, pendant ma formation. À quel moment en avons-nous parlé ? Était-ce le premier jour ou le deuxième ? Quand s'est passée la perquisition ? Céline a noté qu'il était 17 heures. J'ai donc subi trois heures de pression, de cris, d'accusations en tous sens, qui m'ont paru une éternité. Et j'ai répondu n'importe quoi, n'importe comment. Il criait un nom qui ne me disait rien, un autre qui me rappelait vaguement quelque chose, ceux dont j'étais certaine. Je répondais « Oui, j'ai aidé », « Non, ça ne me dit rien », « Non, je n'étais pas là ! ».

Mais je perdais le fil de mes réponses au fur et à mesure qu'il insistait. Je mêlais aussi l'erreur que j'avais faite sur un patient avec les gestes que j'avais accomplis sciemment.

Les cris s'enchaînaient. À un moment, il a parlé de prison.

« Mais vous voulez aller en prison ? Si vous me dites le nombre de personnes, si vous avouez le nombre de personnes, vous n'irez peut-être pas forcément en prison, mais, là, on a toutes les preuves, on le sait. Si vous niez, c'est la prison direct ! Ce soir, vous dormez en prison ! Combien ? Combien vous avez aidé de personnes ?

– Trois... quatre... »

Jusque-là j'étais encore un peu dans mes marques, il y avait les trois malades, et ma faute sur le quatrième. Une dernière lueur de lucidité sur ma vérité.

Mais il a enchaîné, comme une mécanique :

« J'ai les preuves, j'ai tout ce qu'il faut, je sais qu'il y en a beaucoup plus qui sont morts et dont vous êtes responsable ! On le sait, ce n'est pas la peine de mentir, on le sait ! Regardez-moi ! On le sait ! On le sait ! »

Là, il est encore plus violent. J'ai l'impression qu'il va passer par-dessus le bureau et me taper dessus réellement. Il n'y a plus que sa voix qui résonne dans ma tête, et ce regard fou qui ne me quitte pas. Je veux partir, m'en aller, que ça finisse. Je dis encore n'importe quoi comme si on m'accusait d'avoir volé un paquet de crayons.

« Non, quatre... cinq...

– Vous vous fichez de moi ou quoi ? »

Dans l'état psychologique de dépression d'après suicide dans lequel je me trouvais, cet homme pouvait me faire devenir folle comme il le voulait. J'étais malade.

Je n'étais plus moi. Je n'avais qu'un objectif, qu'on me laisse dormir.

Je fixais le bureau vide. Quand il criait, j'étais obligée de le regarder parce qu'il l'exigeait, puis baissais les yeux de nouveau, jouais avec mes mains, je tripotais mon mouchoir. Je ne savais plus quoi faire, à la limite de la crise de nerfs et de m'effondrer avec cet écho lancinant dans ma tête. « Laissez-moi, j'en peux plus. » Alors j'augmente le chiffre. Je le double pour qu'il soit content.

« Dix ?

– Qu'est-ce que vous me racontez ? Dix seulement ? Il y en a quatre-vingts ! On est sûr que vous étiez là, présente, au moins pour quatre-vingts décès dans votre service ! Alors, ne me racontez pas de conneries ! Vous êtes impliquée dans cinquante de ces cas au moins ! Je le sais, on le sait ! »

Il ne croit pas au chiffre 10. Jusqu'où aller maintenant ? Combien en veut-il ?

Je ne suis pas vraiment consciente de cette surenchère effroyable à laquelle je participe, que cet homme a réussi à faire entrer dans mon cerveau, mais je vais la suivre, comme hypnotisée par les papiers qu'il brandit sans arrêt, et son désir violent de me faire avouer ce qu'il veut, lui, et uniquement ce qu'il veut. C'est-à-dire un chiffre. Plus rien n'est logique, il ne s'agit pas d'êtres humains, de visages, seulement d'un chiffre, c'est abstrait un chiffre.

C'est la fin de la journée, qu'il me mette en cellule s'il le veut, je m'en fiche, je veux le silence. Mais comme il ne s'arrête pas là, qu'il ne me croit toujours pas, qu'il répète inlassablement ces maudits chiffres, je replonge dans la surenchère, ce jeu macabre qu'il a entrepris avec moi. Je suis oppressée, à la limite de la suffocation, mon corps tremble des pieds à la tête. Mais je dis avec espoir :

« Quinze ? »

Il agite les papiers, furieux :

« M. Un tel, tel jour vous y étiez, c'est vous ! M. Un tel, c'est encore vous, vous y étiez ! On le sait tout ça !

– Vingt ? »

Il ne me croit toujours pas, alors j'augmente davantage ce maudit chiffre :

« Trente ? »

À trente, il répond enfin :

« Soit ! Trente ! Oui, si vous voulez ! Mais je suis persuadé qu'il y en a bien plus que cela ! Enfin, disons trente ! »

C'est ainsi que nous en sommes arrivés au fameux chiffre 30. Je me demande maintenant s'il aurait obtenu que je dise quatre-vingts. Sûrement. J'aurais été jusque-là pour qu'il se taise. Ça m'était égal, je voulais seulement qu'il cesse de crier. Je voulais aller dormir quelque part, m'enterrer n'importe où, même en cellule. Ne plus le voir, ne plus l'entendre, il fallait que cette brutalité s'arrête, vite !

Et elle s'est arrêtée. Je lui avais dit ce qu'il voulait entendre. L'important pour moi, c'était le dernier mot qu'il avait enfin lâché : « Soit ! » Il était content, il avait ce qu'il voulait. Il triomphait d'un air méprisant. Pourquoi me haïssait-il à ce point ?

Pour avoir eu connaissance ensuite du procès-verbal des autres « témoins », je sais qu'il avait une liste de deux cents décès, je crois, répertoriés dans le service pendant mes trois ans de présence à l'hôpital. J'étais présente, mais pas forcément auprès du malade pour quatre-vingts cas sur deux cents. Pour lui, j'étais donc potentiellement responsable de ces quatre-vingts décès, même s'il s'agissait de personnes décédées naturellement. J'aurais donc passé mon temps à distribuer la mort. Il me prenait pour une machine à tuer ?

Il était vrai, ce bruit courant dans le service : « Elle est beaucoup plus souvent auprès des mourants que les autres. » J'étais là parce que j'avais décidé que c'était aussi mon métier d'être là. J'avais essayé de le lui expliquer au début, mais il ne le comprenait pas. Ce qui était devenu en trois ans une mauvaise plaisanterie de mes collègues : « Elle en fait trop », ou « Putain, elle nous les attire quand elle est là ! », s'était transformé en une condamnation virtuelle.

Pour une de mes collègues aussi on disait :

« Quand elle est là, on est sûr d'avoir une réanimation ! Dès qu'un malade fait un arrêt cardiaque " elle est sur le coup " ! »

Moi, j'étais là quand ils mouraient. Alors j'étais devenue une sorte d'ange de la mort. Et maintenant il a un nombre de victimes, trente !

Je ne réalise toujours pas la gravité de ce que je viens de dire. Pour l'heure je surnage, hébétée. Je resterai dans cet état jusqu'au soir.

Il m'annonce qu'il va faire une perquisition chez moi. Cela aussi m'étonnera plus tard. On perquisitionne chez les voleurs ou les assassins, qu'espérait-il trouver chez moi ? J'ai accepté de signer son papier, comme une poupée qui dit oui.

Je n'ai pas la clé de la maison, je ne sais pas si Cédric et Céline s'y trouvent, je lui demande d'appeler avant pour vérifier. De toute façon, il n'y a rien d'intéressant chez moi. Il cherche peut-être des médicaments, des produits que j'aurais cachés ? C'est stupide. Je n'ai rien à cacher. Mais cela veut dire qu'à ses yeux je suis vraiment une criminelle. Je l'entends se démener. Je m'en fiche.

Il téléphone, il se présente et dit qu'il arrive avec moi pour perquisitionner.

La femme vide entièrement mon sac, elle vérifie les moindres choses, les bouts de papier, les tickets de bus, et là j'ai un petit sursaut, le sentiment d'un viol. Mon sac à main, c'est quelque chose de personnel, je n'y cache rien mais il y a mon portefeuille, des photos, des protections féminines ; elle fouille dedans comme si plus rien déjà ne m'appartenait en propre. Au fond, rien n'a plus d'importance, je me laisse entraîner avec la marée.

Et nous partons. Il y a cinq policiers avec moi. Je serais une terroriste, l'escorte serait la même, il me semble. Tout ce déplacement pour une petite infirmière boulotte d'un mètre cinquante-cinq, dont les jambes tremblent tellement qu'elle ne pourrait pas courir même s'il y avait le feu.

Je n'ai plus peur, je me fiche vraiment de ce qu'il cherche ; un moment, je crains seulement le choc de ce débarquement policier, pour Cédric.

J'ai interdiction en arrivant de parler à qui que ce soit. Il y a Céline qui s'occupe de Cédric en mon absence, et aussi une de mes amies et sa fille. C'est étrange de rester plantée là sans même pouvoir leur dire bonjour.

Elle se passe étrangement pour moi, cette perquisition. Je plane un peu et elle me soulage momentanément. Je suis ailleurs, ce type ne me crie plus dessus, je respire un peu mieux.

À peine arrivés, ils demandent à voir mes livres. J'aime lire, j'ai beaucoup de bouquins dans mon bureau, sur les sujets les plus divers. Des romans, des récits de voyages, des documents, j'accumule comme tout le monde une bibliothèque un peu en fouillis.

Il ne trouve pas de livres intéressants à emporter, sauf *Le Scaphandre et le papillon*, de Jean-Dominique Bauby, mais *Le Scaphandre et le papillon*, tout le monde l'a lu ! Comme *La mort intime* de Marie de Hennezel. Ce serait une preuve de quoi ?

Elle fouille dans ma chambre, regarde très vite le contenu de deux armoires, soulève deux piles de linge, mais sans plus.

« Vos collègues ont dit que vous aviez reçu des lettres de remerciement de la part des familles de personnes décédées... »

C'est vrai, j'en ai reçu quelques-unes, et je les ai toujours, je garde toutes mes lettres ; alors je les donne. Il n'y a rien dedans si ce n'est quelques mots gentils. Ensuite, ils veulent mes agendas. Mes anciens agendas des trois années passées à l'hôpital. Là, malgré la fatigue, je comprends tout de même ce qu'ils imaginent trouver. Si j'ai noté, par exemple : M. Un tel ou Mme Une telle mort tel jour à telle heure. Tel un Landru femelle. C'est monstrueux.

Mes agendas sont précieux. Ils sont joliment illustrés, reliés ; j'y tiens car ce sont des cadeaux de ma sœur avec de magnifiques photos de l'Unicef. Alors que la plupart des gens les jettent en fin d'année, je les conserve pour cette raison.

J'ai donc celui de 1996 et celui de 1998. Il demande à Céline pourquoi je n'ai pas celui de 1997. Elle lui répond vertement :

« Ben, excusez-moi. Quand on est étudiant, on n'a pas toujours les moyens de faire un cadeau tous les ans ! »

L'agenda de 1997 était banal, sans intérêt. Je ne l'ai pas gardé. Je pourrais le lui dire, mais je n'ai pas le droit d'ouvrir la bouche. Juste celui d'assister à la fouille.

L'homme va parler à Cédric, pendant que je suis dans la chambre avec sa collègue. Je ne sais pas ce qu'ils se disent. Au bout d'un moment, Céline, qui a du mal à se maîtriser, s'adresse à eux :

« Si je vous demande ce qu'il en est, je suppose que vous n'allez pas me répondre ? »

Ils n'ont pas répondu, en effet. La perquisition est terminée.

Avant de repartir, je demande le droit d'embrasser tout le monde. J'ai besoin de réconfort et de toucher quelqu'un qui m'aime. À mon amie je souffle à l'oreille :

« Je suis foutue.

– Mais non, ne t'inquiète pas. »

À présent, je dois me taire de nouveau et, surtout, ne pas chercher à m'adresser à quiconque lorsque nous serons en bas de l'immeuble. Sinon...

« On vous mettra les menottes ! »

Ainsi tout le monde saurait ce qui m'arrive. Menace inutile. Aucun policier n'est en uniforme, la voiture est banalisée, et qui aurait envie de crier dans la rue : « Regardez-moi, je suis en garde en vue, on m'accuse d'avoir tué des gens ? »

Je vais quitter mon appartement, mon lit dans lequel j'aimerais tant plonger, le chat qui nous observe, Cédric qui ne dit rien.

La femme me conseille de prendre un pull-over.

« On va vous garder ce soir à la PJ. Ce n'est pas très agréable, il fait froid dans les cellules. Je suis vraiment désolée, mais on n'a que ça.

Elle, elle reste humaine. L'autre, cet homme hurleur, me fait réellement peur. Son visage me terrifie. Il ne me lâchera pas. Je le sens dans mon dos comme une menace permanente.

De retour à la PJ, de nouveau le premier étage. Je tangue. Jusqu'à ce que je me retrouve en cellule, le souvenir de ce qui s'est passé m'échappe totalement. Ont-ils poursuivi l'interrogatoire, ou ai-je seulement signé un document ? Cette fin de journée se brouille avec l'interrogatoire du lendemain. J'ai eu une telle peur de ce policier qu'elle est encore présente ce soir-là, et le lendemain, et plus tard chez le juge, et encore aujourd'hui.

Je n'oublierai jamais son visage. Il m'a démolie.

Je me retrouve donc en cellule. Il y a deux bancs le long des murs, et je m'assois dans l'angle. J'ai froid malgré le pull et je me recroqueville ; je ramène mes genoux contre ma poitrine et je les tiens serrés très fort. On me demande si j'ai besoin de quelque chose. J'ai essayé d'aller faire pipi avant, mais, comme je n'ai pas le droit de fermer la porte, je n'y suis pas arrivée. J'ai mal aux reins et à la vessie. Mon ventre est une pierre. J'ai repensé à ce handicap souvent vécu en cas de stress. La première fois, j'étais gamine, peut-être cinq ou six ans ; c'était en vacances à la campagne, je jouais avec une cousine. Nous sommes montées dans un camion, elle a touché au frein à main et le véhicule s'est mis à dévaler une côte avant d'atterrir à l'intérieur d'une maison en contrebas. Je hurlais de terreur, on m'a retrouvée recroquevillée au fond de la cabine, heureusement sans trop de mal. Mais le soir même j'étais bloquée, incapable de vider ma vessie, comme si la peur se fixait à cet endroit. Je suis dans le même état cette nuit-là, c'est une souffrance invisible, que l'on n'ose pas dire, parce qu'elle paraît stupide. Mais elle est bien là, nouée, douloureuse à en étouffer.

Un peu plus tard, un gardien vient poser sur le bout du banc un sandwich. Il le pose sans me le tendre, comme si j'étais une pestiférée. C'est un sandwich au fromage, je n'aime pas, donc je ne mange pas. J'avale enfin mes médicaments avec un peu d'eau, cette fois je ne peux plus résister toute seule.

Je n'ai pas de couverture pour m'enrouler dedans. Je n'arrive pas à me détendre, tout est noué, les muscles, les viscères, mon cerveau. Je pleure... Je redemande une fois encore à aller aux toilettes, sans résultat.

Je devine vaguement la présence d'autres personnes dans les cellules. Ils frappent pour réclamer quelque chose. Je vois passer quelqu'un.

Je pensais que les médicaments allaient m'apaiser et m'aider à dormir, tellement j'étais fatiguée, mais je n'ai pas fermé l'œil de la nuit. On m'a tout pris, je n'ai plus de montre, plus de repères, je ne sais plus quelle heure il est, il fait nuit noire et ça dure longtemps, très longtemps. Enfin je réalise l'énorme bêtise que je viens de faire. Mes aveux incroyables.

Je ne peux plus m'en sortir ! Si j'annonce à cet homme que je lui ai dit ce qu'il voulait entendre, il ne va plus me croire du tout ! Et ça va recommencer ! Alors je dois réfléchir à ce que je vais lui dire le lendemain, puisque l'interrogatoire va reprendre. J'essaie mais je n'arrive plus. « Mais pourquoi je lui ai dit ça, alors que ce n'est pas vrai ?... Pourquoi ? Qu'est-ce que je vais devenir ? Comment me sortir de là ? »

Je suis si lasse, et je ne dors toujours pas et je suis malade...

Je pense à Cédric, à mes parents, à Céline, à tous les êtres que j'aime, et je pense à eux comme à une fin. Comme si je n'allais plus jamais les revoir. Comme au soir du suicide. Je me suis suicidée une seconde fois en avouant n'importe quoi. C'est de la folie. Un vrai cauchemar. Par moments je me bouscule : « Réfléchis, Christine... Cherche à te sortir de là, réfléchis, il le faut ! »

Rien ne vient. Je sais seulement qu'il va recommencer demain, c'est une idée fixe. Mais qu'est-ce que je vais bien pouvoir lui dire ?

8.

Le lendemain matin, le policier revient vers 8 h 30, me chercher dans ma cellule. On ne me rend pas mes affaires.

« Ce n'est pas la peine, vous allez y retourner. »

La veille, ils m'ont pris tous mes objets personnels, ceinture, soutien-gorge, serre-tête, tout ce qui symbolise la liberté. Ils m'ont pris mes bijoux, le bracelet de Céline, le collier de Cédric ; je me sens nue, privée de la protection de ceux que j'aime.

Je demande à aller aux toilettes, je voudrais me libérer de cette douleur qui me poignarde les reins. Il m'accompagne, je ressors sans rien dire, toujours bloquée. Je ne parviens pas à récupérer de l'épuisement de la veille. Je n'ai rien avalé, rien bu, rien éliminé, et malgré les médicaments je n'ai pas dormi du tout, recroquevillée sur mon banc dans le noir et le froid de cette cellule.

Mon cerveau fonctionne bizarrement. Depuis hier, les informations y pénètrent sans que je puisse les analyser. J'ai avoué, j'en suis consciente, mais le détail de ces aveux est totalement irréel. Dans mon souvenir c'est un mélange de cris, de peur et de mots arrachés. Le sentiment d'avoir vécu des heures enfermée dans une cage avec un dompteur, comme un animal sans défense. Et je dois retourner dans cette cage.

Je sais que l'avocat est prévenu, que la garde à vue sera prolongée, et que l'on va m'emmener ensuite au palais de justice.

Je suis bouffie des larmes de la nuit, sale, mal peignée, en sueur, et pourtant j'ai froid. Hier soir, ils ont gardé mon sac dans leur bureau, pour éviter une nouvelle fouille inutile avant de me mettre en cellule. C'est curieux comme un petit détail peut vous envahir la tête, il me faut un mouchoir en papier, celui que j'ai trituré toute la nuit entre mes mains n'est plus qu'une petite boule sèche. Je ne pense plus qu'à cela, à cette liberté minuscule de pouvoir fouiller dans mon sac pour en prendre un autre.

Il me ramène dans le bureau. Je demande la permission de prendre un mouchoir, elle m'est accordée.

« J'espère que vous avez réfléchi ? Vous allez me donner les noms maintenant ! Si vous mentez, je vous préviens, nous ferons déterrer les gens pour vérifier ! »

Cette image me bouleverse. Je pense aux familles qui seraient confrontées à l'exhumation du corps d'un être aimé, par ma faute. Ce chiffre de 30 que j'ai lamentablement donné, il va falloir à présent le justifier.

Longtemps après cette garde à vue, je me demande encore comment j'ai pu en arriver là, sous la pression d'une terreur intense. Je voudrais pouvoir l'analyser, j'en suis toujours incapable.

Et devant lui, ce matin-là, je ne peux pas remettre la vérité en place. Il ne me croira pas, il me fera encore plus de mal, jamais je ne m'en sortirai.

Il enchaîne très vite sur une liste de noms. Certains me renvoient à des visages... d'autres ne me disent absolument rien. Alors je réponds comme un automate : « Oui, non, oui ».

« Ah, voilà, on y arrive ! C'est quand même plus raisonnable, non, vous ne croyez pas ? »

J'ai admis les noms des deux premiers malades que je n'avais pas réussi à citer la veille. Je les connaissais si bien, j'avais ressenti alors un sentiment de trahison, comme si je les dénonçais d'avoir voulu mourir décemment. À présent, je ne peux plus faire autrement. De toute façon, cela au moins c'était la vérité. Et il ne les ferait pas « déterrer ».

Par moments je regarde la fenêtre, les barreaux... J'ai envie de me sauver. De passer entre ces barreaux et de disparaître. C'est idiot.

La liste continue. M. X, je ne sais plus comment j'ai agi ; Mme Y, je n'étais pas là ; M. Z, c'est moi... Non pour M. B, c'est une erreur, je vous l'ai dit hier.

Il veut maintenant savoir pourquoi j'aurais aidé toutes ces personnes. Nouvel affolement. Je ne peux pas lui dire que trente malades m'ont demandé à mourir, puisque ce n'est pas vrai.

Il m'a déjà demandé si eux ou leurs familles m'avaient proposé de l'argent pour cela ! J'avais la nausée en lui répondant non. Si j'étais guidée par une secte ou une religion : non. Si j'admettais avoir des problèmes de comportement... Oui. J'ai dit oui, ne pas supporter la souffrance et la mort, c'est un problème. Vouloir me suicider aussi. Mais il l'entendait certainement autrement. Il pensait avoir affaire à une folle.

Folle, je vais finir par le devenir, j'essaie vainement de retrouver ma logique, mais il n'y a plus aucune logique dans tout cela, tout est stupide, rien n'est vrai à part quatre noms. Je m'enferre de plus en plus, et c'est ma faute. Si j'en avais la force et le courage, je devrais arrêter ce questionnaire de folie. Lui dire : « Hier, j'ai perdu les pédales, écoutez-moi, je n'ai aidé que trois malades, vous avez leurs noms, je suis coupable de les avoir aidés. Pour le dernier, c'est une décision que je n'aurais pas dû prendre, mais je ne voulais pas qu'il meure, il ne me l'avait pas demandé. Et s'il est mort, je suis sûre que ce n'est pas ma faute. »

« Pourquoi avez-vous aidé ces personnes à mourir ?

– Parce qu'ils me l'ont demandé.

– Les trente, ils vous l'ont demandé, tous les trente ? »

À cette seconde je me dis : « C'est impossible, il ne va pas me croire ! »

« Pour les autres, j'ai agi toute seule. »

Je suis toujours dans sa logique, pas dans la mienne. Il a voulu le chiffre 30, il l'a eu. Il voulait une statistique, je la lui ai inventée. Il va trop vite pour mon cerveau fatigué, en énumérant tous ces noms, j'ai du mal à suivre. Je suis arrivée à « confirmer » huit ou dix noms dans le désordre pour lesquels j'aurais agi sur demande du patient. Et c'était dur de répondre oui à propos de noms pour lesquels je n'ai pas d'histoire, pas de visages, qui me sont inconnus. Quant à ceux que j'ai bien connus, je ne pouvais pas mentir à leur sujet. Par moments je ne sais plus où est la vérité, où est l'invention. Mentalement, tout est monstrueusement inversé... J'ai inventé sur des noms, en pensant que ce n'était pas grave puisque je ne les connaissais pas.

Une sorte de suicide : il me poussait dans le vide et je ne pouvais pas résister.

Pour M. X, je déclare avoir agi de telle manière, pour M. Y de telle autre, alors qu'en réalité rien ne concorde. Et je dis morphine pour l'un, potassium pour l'autre... ou bien je ne sais pas, ou je ne me souviens plus...

« Pourquoi avez-vous fait ça ?

– Parce qu'ils souffraient. »

Je lui offre des réponses, je ne cherche même pas à retrouver la réalité dans ma mémoire, elle est indisponible à ce moment-là. Le seul objectif est de répondre à ses questions, répondre, répondre, pour en finir avec lui, ne plus l'avoir en face de moi. Qu'il ne mette pas sa menace à exécution : exhumer les corps. J'en mourrais.

Je vacille entre deux idées terrifiantes : je suis réellement une criminelle devant la loi, j'ai pris seule des décisions que je n'aurais pas dû prendre. J'ai déjà avoué ce que j'avais réellement fait, et c'est suffisamment insupportable pour moi.

Voilà maintenant que j'ai avoué l'invraisemblable : trente malades seraient décédés de ma main ! Une véritable folie.

En reprenant cette liste plus tard, je me suis rendu compte que j'avais dit oui à propos d'un patient, alors que je ne travaillais même pas ce jour-là. Et que je ne connaissais pas, ou à peine de nom, la plupart des autres. Et il m'a crue.

À l'inverse, si j'étais revenue sur mes déclarations à cet instant, personne ne m'aurait crue.

Aux environs de 10 h 30, je rencontre mon avocate dans le bureau des policiers. Ils sortent, mais je les sens présents derrière la porte, surtout lui. Même hors de la pièce, cet homme est toujours une menace pour moi.

Je dois maintenant avouer aussi à mon avocate que je lui ai menti. Qu'effectivement je suis responsable d'avoir aidé des malades à mourir et que j'ai avoué ! Elle me répond qu'elle s'en doutait bien. Je n'en suis même pas étonnée. Alors je lui explique que j'ai avoué, parce que le policier m'a dit qu'il y avait des témoins. Et aussi qu'il a beaucoup crié, mais je ne donne pas de détail sur la pression que j'ai subie. Car j'ai peur qu'il n'entre et ne me menace ou ne me jette en prison sur-le-champ. Je ne connais rien au système, pour moi un policier a tous les droits et tous les pouvoirs. Je me sens lâche et minable.

La visite de l'avocate dure très peu de temps, dix minutes, un quart d'heure. C'est une femme que Céline avait contactée au début de mon séjour en clinique. Elle va m'envoyer un de ses confrères pour la remplacer, mon cas n'est plus de son ressort.

« Ne vous inquiétez pas. Il arrivera dans l'après-midi, lorsque vous serez déférée au parquet. »

Je suis une criminelle, on me donne un avocat d'assises. C'est effrayant, cette réalité.

Il faut maintenant retourner dans le bureau pour achever de rédiger le procès-verbal, le relire et le signer. Je confirme ce que j'ai dit la veille et le matin même. Je lis sur cette feuille un paragraphe qui concerne Cédric, le pronostic de sa maladie, et le bonheur de chaque jour sans penser à l'avenir... J'ai dit cela lorsqu'il me menaçait de « faire annuler mon mariage ».

Je signe. C'est fini. Pourvu qu'il me laisse tranquille à présent. J'ai si mal au ventre que je me coucherais n'importe où, par terre si je le pouvais. Je redemande à aller aux toilettes et cette fois enfin je me soulage de ces coups de poignard lancinants dans les reins.

Je sors d'un trou noir avec l'impression de traverser enfin une phase de lucidité. Je ne sais plus à quel moment cette femme policier m'a dit presque gentiment pour me rassurer :

« Vous voyez ? Ce n'était pas si dur, et il fallait le dire, vous ne croyez pas que c'est mieux de l'avoir dit ? »

Et j'ai répondu « oui » platement. Intérieurement, je répondais : « Oui, je devrais être soulagée, mais j'ai largué un poids énorme, pour me charger d'un autre encore plus énorme. Comment je vais faire pour vivre avec ça ? »

Cette femme était humaine, normale, j'aurais dû m'accrocher à elle et la supplier de m'écouter. Elle aurait peut-être compris mon affolement, compris l'invraisemblance de ces aveux et calmé l'autre. Mais ce n'est pas elle qui m'avait interrogée. Était-elle là comme prétexte féminin ? Pour me protéger ? Si c'est le cas, leur système de quota ne marche pas. Il avait tous les pouvoirs, c'était lui le chef de l'enquête.

On me ramène en cellule et on m'apporte à manger, cette fois un sandwich au pâté. J'en grignote le tiers en me forçant, ça ne passe pas. Je n'ai plus envie de me battre, de faire des efforts pour survivre. Tout le travail du psychiatre à la clinique après mon suicide est réduit à rien. Je voudrais ne plus être là, mais j'y suis malheureusement ! C'est bien moi, vivante, assise sur ce banc, alors que je me voudrais morte. Je n'arrive pas à croire moi-même à ce que j'ai dit. Christine Malèvre a signé les aveux de qui ? C'est moi, cette pauvre fille terrorisée qui raconte n'importe quoi ? Comment faire maintenant ? Comment m'en sortir ? Un juge m'attend. Est-ce qu'il va me croire, lui ? Non, il va m'envoyer en prison, c'est ce que veut le policier. La femme, elle, pense que j'ai de grandes chances d'y aller, mais qu'il est possible qu'on me renvoie à la clinique, pour me faire soigner.

Ou je suis une criminelle, ou je suis une malade.

Je me sens sale, humiliée, je me sens criminelle jusqu'au bout, immonde de m'être comportée comme une irresponsable.

Au début de l'après-midi, on m'emmène au Palais de justice et on m'installe dans une cellule en verre, assise sur un banc de béton. Je vois d'autres cellules semblables dans la pièce, mais désertes. Puis un nouvel occupant est amené à côté de moi, il râle, crie, traite tout le monde de tous les noms et crache par terre. La porte est ouverte, les passants peuvent nous voir, j'attends ainsi mon avocat, exposée aux regards comme une bête curieuse dans un zoo.

Il arrive tout seul pour me dire très vite qu'il va voir le procureur et le juge, et de ne pas m'inquiéter, et qu'il va revenir. Il est très rassurant, sympathique, je suis immédiatement en confiance ; je voudrais pouvoir tout lui expliquer maintenant, mais on l'attend, il file déjà. Le temps s'écoule lentement, je n'ai rien d'autre à faire qu'à triturer mon mouchoir en papier. À m'en vouloir de ma faiblesse, de ma bêtise. À me répéter qu'il faudrait absolument dire la vérité, mais que j'ai trop peur de l'autre, ce policier avec son regard méchant, vainqueur. Parce qu'il est toujours là. Il attend de m'emmener en prison.

Enfin, on me fait sortir de cette cellule, on me conduit dans un bureau ; mon avocat m'annonce qu'il a parlé au juge, je n'irai pas en prison. Et j'entends la phrase magique :

« S'il y a une déclaration sur laquelle vous voulez revenir, c'est le moment de le faire.

– Il faudra dire la vérité au juge, maintenant ! »

La peur de nouveau. On ne va pas me croire. Et je suis si lasse, comment faire pour reprendre tout de zéro, par quel bout commencer ?

Je me retrouve dans le cabinet du juge, mais le policier est là, dans mon dos. Si seulement le juge pouvait le faire sortir... Jamais je n'arriverai à revenir sur mes aveux. Ils sont tellement énormes... J'entends le juge énoncer l'accusation retenue contre moi.

Ensuite, c'est à moi de parler. La première chose qui me revient à l'esprit concerne le nom d'un malade pour lequel je ne suis absolument pas responsable. Je connais bien sa famille, je ne veux pas qu'il figure sur cette liste, ce serait trop injuste. Son nom et son visage m'étaient restés plantés dans la tête toute la nuit, comme une obsession. Pas lui.

C'est tout ce que j'arrive à dire, à bout de forces, avec derrière moi le policier qui trépigne. Tant qu'il est là, je ne peux pas parler. J'imagine qu'il va exploser de rage, crier encore. J'ai honte, peur de tout, je ne peux pas, je ne peux plus, et c'est tout ce qui me reste comme lucidité.

Je reste là, plantée sur ma chaise, j'écoute en silence le juge m'annoncer que la police va me ramener en clinique. L'injonction de ne plus exercer, et celle de continuer à me soumettre à des soins psychiatriques. Il me reverra après les vacances, à la rentrée.

Je sors avec la femme policier, l'autre reste dans le bureau du juge.

Elle me dit gentiment :

« Vous voyez, ça ne servait à rien de s'inquiéter, on vous ramène à la clinique. »

Mais j'ai toujours peur de la réaction de l'autre. Il doit discuter avec le juge, il veut me mettre en prison, il l'a dit si méchamment :

« Avec tout ce que vous avez fait, vous serez en prison ce soir ! »

Il va ressortir du bureau et m'emmener... Il va gagner.

Je ne connais pas les lois ni le pouvoir du juge. Pour moi, c'est le policier qui décide de mon sort.

Il ressort, l'air de mauvaise humeur, mais sans un mot. L'avocat part très vite, je n'ai pas le temps de lui parler. Il va voir ma sœur, qui fait les cent pas devant le Palais de justice avec une de mes amies, pour leur expliquer la situation. Céline saura que j'ai avoué, mon amie aussi.

En larmes, je me jette dans les bras de ma sœur. Je n'ai pas le temps de lui expliquer, de lui dire : Surtout ne crois pas ce qu'on t'a raconté... Le policier m'en empêche brutalement.

« Allez, hop ! on y va. Vous aurez bien le temps de la revoir. »

Peu importe au fond, Céline va me rejoindre à la clinique, et je suis lasse à m'écrouler. Je voudrais me laver. Dormir. Ne plus penser. Je monte à l'arrière de la voiture.

Sur la route, il conduit à une vitesse folle... il pile aux carrefours au dernier moment, il grogne à son équipière :

« Tout ça pour ça ! »

Tout ça pour qu'on la ramène en clinique. C'est ce qu'il pense, et il enrage. Il est sûr de lui, il ne doute pas que je sois un monstre. Il n'imagine même pas que c'est lui qui l'a fabriqué, ce monstre, en quarante-huit heures, avec sa technique infernale pour obtenir mes aveux.

Aujourd'hui, avec le recul, je me dis qu'il n'avait que la version des autres, celle de l'hôpital et des bruits de couloir. Car, je le sais bien, personne n'a pu me voir précisément au moment où j'ai agi.

Mais il ne m'a pas laissé la moindre chance, la plus petite lucarne où me glisser. Il ne me connaît pas. Il m'a traitée comme il a l'habitude de traiter les assassins et les voyous. Il n'a pas vu, ou pas voulu voir, que j'étais terrorisable à merci. Je l'entends encore crier : « Vous êtes sûre ? » Et moi répondre en tremblant : « Oui... oui... », alors que je ne savais déjà plus quelle question il avait posée. Il a fait, sans douter une seule seconde, ce qu'il considère comme son métier. À aucun moment il ne s'est étonné de l'invraisemblance de ces aveux. On lui avait fourni des statistiques de patients décédés sur trois ans, il s'est satisfait d'une sorte de pourcentage de « victimes ». C'est horrible.

J'étais coupable d'avance pour lui, et le suis en effet, mais de faiblesse, d'impossibilité physique de contrôler la peur. Mais ce n'est pas son domaine d'investigation, il était là pour obtenir les aveux d'un suspect, il a fait « son boulot » et il enrage de me voir en liberté.

Sa collègue ne dit pas grand-chose, à peine une formule pour le calmer : « Bon, allez... »

En arrivant, il veut s'entretenir avec mon psychiatre. On m'installe dans la salle d'attente où l'infirmière viendra me chercher. Pendant ce temps, il discute avec le médecin. Il doit lui raconter ce que j'ai avoué. À ma prochaine séance dans son cabinet, je me retrouverai devant un juge psychologique. Et lui non plus ne me croira pas, si j'essaie de m'expliquer.

Lorsque l'infirmière arrive et demande gentiment comment ça s'est passé, je fonds en larmes comme une enfant, en lui racontant pêle-mêle ce policier qui a crié sans arrêt, ce qu'il a dit en voiture, sa fureur de ne pas m'emmener en prison. Toute ma peur.

On emploie trop souvent et à tort le terme « traumatiser ». Dans ce cas, ce n'était pas un vain mot. Il m'avait vraiment traumatisée, cet homme. J'étais dans un état d'hallucination, une overdose de peur. Du plus loin que je me souvienne, je n'avais jamais ressenti une telle peur devant quelqu'un. Sauf peut-être cet affreux professeur de mathématiques, ce sadique qui avait porté la main sur moi. J'écoutais, mais j'étais ailleurs, en suspens au plus profond de cette peur immonde, tapie comme un animal traqué, à guetter le moindre mouvement suspect.

L'infirmière m'a ramenée dans ma chambre. J'y ai trouvé un magnifique bouquet de lys blancs offert par une amie. Elle venait à peine d'être mise au courant de mes aveux, et il y avait une petite carte disant : « Pour moi, tu restes ce que tu as toujours été. »

Ça m'a fait du bien. Elle savait, et elle m'aimait quand même.

Lorsque ma sœur est arrivée avec la mère de cette amie, j'ai trouvé la force de leur dire, à Céline d'abord :

« J'ai avoué, parce que j'ai eu peur, il ne faut pas croire ce qu'on vous a dit, il n'y a pas autant de gens. Mais je vous ai menti.

– Tu n'avais pas à nous le dire, c'était un secret. Tu resteras toujours mon amie. »

Plus tard, je ne me suis même pas souvenue des propos que j'avais tenus. C'est elles qui me l'ont rappelé en ajoutant :

« Tu étais dans un tel état que nous n'avons pas posé d'autres questions. »

J'avais craint qu'elles ne m'en veuillent de leur avoir caché la vérité, d'avoir menti pendant tout ce temps. Ce n'était pas le cas.

Je n'avais qu'une hâte, m'effondrer sur un lit. Il allait falloir vivre avec ça. C'était fait, j'étais prisonnière de ces aveux.

J'ai pris une douche et je me suis couchée. Je ne voulais voir personne, et surtout pas le psychiatre. Mais il a demandé à me voir en fin de journée. J'étais en pyjama, abrutie de fatigue, à peine la force de me rhabiller.

« J'avais compris dès le début, par votre attitude. Je savais. Vous ne vous en êtes pas doutée ?

– Non, oui, peut-être... Enfin, je ne sais pas. »

Je m'en fichais, de ce qu'il avait pensé. J'avais envie d'aller me recoucher, je ne tenais plus debout. Je n'ai rien dit à lui non plus. À quoi bon, puisqu'il savait. Il me jugeait donc coupable depuis le début, il aurait pu me le dire plus tôt.

On m'a forcée à aller manger un peu à table. Ce ne serait pas évident d'expliquer aux autres une absence de deux jours. Je m'attendais à des questions : « Où tu étais ? Qu'est-ce que tu as fait ? »

Personne ne m'a posé de questions. Chacun a ses soucis, ses angoisses, sa dépression.

Étrangement, cette nuit-là, j'ai dormi sans cauchemar. Il est vrai qu'on avait augmenté la dose de mes médicaments.

J'ai eu besoin de quelques jours pour me remettre de cette épreuve. Le psychiatre avait promis que je sortirais de la clinique après l'interrogatoire. Alors dès que je m'en suis sentie capable, j'ai demandé à rentrer chez moi, dans ma famille. Mais il ne voulait pas. À partir de ce jour, sortir est devenue une idée fixe, je ne pensais qu'à cela, quitter cet univers de malades, retrouver la liberté d'agir. Réfléchir au moyen de rétablir la vérité, pour qu'on me croie. J'en ai besoin, mais toujours cette idée me ronge : ils ont cru l'énormité, ils n'accepteront pas la vérité.

Je suis enfermée depuis deux mois et demi, quasiment prisonnière ; je m'accroche à une survie possible, à mon prochain mariage. J'ai envie d'aller préparer des tas de choses. D'oublier un peu. Je ne suis pas très réaliste à ce moment-là, je vis encore dans une espèce de rêve éveillé. Le juge et le procureur ont décidé de me laisser en liberté, donc je suis libre jusqu'au procès. Je devrais aller voir mon avocat, m'expliquer avec lui, préparer ma défense, mais il est loin, ce procès. Je l'occulte. J'ai besoin de faire des choses futiles et agréables, d'être dans une normalité apparente. Je cherche à reprendre le fil de ma vie comme s'il était possible d'oublier, même momentanément, ce qui m'attend au grand tournant de la réalité.

Peut-être suis-je encore sous le choc, dépressive et faible. Pourtant j'avais choisi un métier fort, j'avais besoin de responsabilités. Pour me prouver, je crois, que je pouvais me surpasser. Je devrais continuer à me surpasser, prendre mon histoire en main, me battre, et j'abandonne. Cette contradiction a quelque chose d'inquiétant.

Je pense à maigrir pour mon mariage, à lancer des invitations, alors que je devrais craindre la justice au-dessus de ma tête. J'ai si peur de me retrouver en prison un jour. Et je n'ai pas peur de me marier avec Cédric, alors que tout le monde autour de moi voudrait m'en empêcher.

La prison, cet enfermement, coupée du monde, cet état d'inutilité, enfermée dans une cellule à ne rien faire. Je serais hors du monde, je ne sais combien d'années, à réfléchir sur ce que j'ai fait et, j'aurais beau réfléchir et tourner la question dans tous les sens, je regretterais certainement d'avoir fait ça, mais pour moi, pas pour les malades. La prison, c'est un arrêt de la vie. Que je sois en prison ou dans un trou, je préfère le trou ; dans un trou, au moins, je ne penserais plus. En prison je me morfondrais, je tournerais en rond à attendre de sortir, et que faire en sortant ? Je n'aurais plus rien. Je serais morte à petit feu.

La punition de la société est nécessaire, si elle sert à quelque chose. Si quelqu'un a tué ou violé, la prison est la seule solution pour réfléchir à ses actes.

Mais je ne suis pas une criminelle, et dès ce moment de ma vie, où j'espère me marier, refaire une vie normale, je crois avoir suffisamment réfléchi à ce que j'ai fait. Coupable devant la loi, responsable devant les malades. Ma souffrance intérieure est toujours là, et je ne lui donne pas d'autre origine que celle d'avoir cédé à la souffrance de l'autre.

La seule chose qui m'en libérerait serait d'avoir en face de moi les familles des malades qui me diraient : « Vous avez fait ce qu'il a voulu. Vous avez répondu à sa dernière demande. Vous avez trahi la loi, mais nous ne vous condamnons pas. » Dans ce cas, je supporterais le jugement des autres. Et ce serait mon pardon.

Je voudrais oublier et redevenir pour un temps une jeune femme qui va se marier, dans une belle robe couleur d'ivoire. Je veux sortir de cette clinique.

Céline, qui n'a jamais réussi à rencontrer le psychiatre, menace de porter plainte pour séquestration arbitraire. On lui répond que je me mettrais hors la loi en partant d'ici, et que le juge ne veut pas que je sorte. Céline est persuadée que c'est l'entretien entre le policier et le psychiatre qui a déterminé cette attitude. Le suivi psychiatrique pourrait se faire hors les murs. Elle se fâche. Et lorsque ma sœur se fâche, sûre de son droit, elle obtient toujours ce qu'elle veut. Si ce policier avait eu affaire à elle au lieu de moi, il n'aurait pas « bouclé » son dossier avec autant de facilité. Elle n'est pas impressionnable comme moi. C'est une battante, alors que je pars perdue d'avance.

Ce n'est que le 22 juillet qu'elle parvient à ses fins, contre avis médical, et on me fait signer une décharge. Je suis libre.

À peine sortie, l'idée m'obsède de mettre par écrit mes véritables aveux et les conditions de ma garde à vue, pour mon avocat. Il est à Paris, je n'ai pas encore le courage de faire le voyage.

Je prépare donc une lettre, avec les noms des trois patients que j'ai aidés, et celui du quatrième dont je ne me sens pas responsable, ainsi que les raisons de mes actes.

Je dois la poster, mais, chaque fois que je regarde ce texte si difficile, si court pour résumer une si grande histoire, je recule. Il ne me croira pas lui non plus. Et à l'idée de recommencer à expliquer tout par le début, à me défendre comme une coupable, j'attends. Je vais la poster, cette lettre, mais demain, ou après-demain... Je vais d'abord demander son avis à Céline, elle m'aidera à mieux la rédiger. En réalité, j'ai une trouille immense. Trois jours passent.

Et, le 25 juillet, je n'ai plus le choix. *Le Parisien libéré* révèle toute l'affaire, tenue secrète jusque-là. D'où vient l'information ? Je me doute de son origine. Mais que faire ? En France, le secret d'une enquête n'est souvent un secret pour personne. Le juge n'a pas encore instruit le dossier. Et les détails donnés aux journalistes semblent tout droit extraits d'un procès-verbal de police. Je ne suis sortie de cette clinique que depuis trois jours. On voulait que j'y reste de force, j'en suis partie de force, il semble qu'une guerre soit déclarée.

Le matin même, un ami appelle Céline :

« Allume la radio, on parle de ta sœur sur France Info ! »

Cette fois, j'envoie immédiatement ma lettre à l'avocat. Je la faxe le soir même, pour qu'il l'ait plus rapidement. Et une fois de plus je m'en veux de ne pas avoir réagi plus tôt. Même en regardant cette lettre partir sur la machine, avec mes aveux, les vrais, j'ai peur que cet avocat ne me croie pas et ne pense que je réagis en fonction des médias. Je vais mal de nouveau.

Les grands médias reprennent l'information dans la foulée, d'abord TF1, puis France 2. Le 29 juillet, un journal publie ma photo, personne ne sait d'où elle sort. Elle est accompagnée d'un article qui révèle l'état d'esprit de mes collègues et de l'hôpital. Un grand magazine me cherche partout, on veut faire parler « l'ange de la mort ». Je n'ose plus sortir pour faire mes courses. Je passe mes journées à ruminer, traquée, tandis que s'étalent dans la presse les gros titres sur les trente victimes de « l'infirmière ».

À cette charge des journaux et de la télévision suit une conférence de presse de l'hôpital. Il y est dit que je me suis « exclue de la communauté des soignants », mais aussi que j'étais « une infirmière modèle dont les gestes sont étonnants ».

J'apprends par un ami qu'une centaine de lettres sont arrivées à l'hôpital à mon nom. Mon avocat en reçoit également, c'est la rançon des médias. Il n'y a que des lettres de soutien dans ce courrier. Le secrétaire d'État à la Santé, Bernard Kouchner, a le courage de déclarer à *Paris Match* qu'il a pratiqué lui-même l'aide aux mourants, dans d'autres conditions : « Oui et non. Jamais comme une décision individuelle. Un geste d'équipe, oui bien sûr, et avec la famille si possible ».

Je me sens moins seule. Lorsque le professeur Schwartzenberg avait dit la même chose, il avait été suspendu pendant un an. Ce sont tous deux des médecins, ils ont le droit de le faire, pas toujours celui de le dire, autrement qu'en privé. Je ne suis qu'une « petite infirmière », comme disent les journaux, et moi je n'avais pas le droit, encore moins celui d'en parler, même en privé. D'où mon silence total. J'aurais préféré que mes gestes demeurent anonymes. Et n'avoir à rendre de comptes qu'à la justice. Désormais, ce n'est plus possible. *Le Figaro*, *Le Monde*, *Libération* s'emparent du sujet. Sans compter quelques publications moins prestigieuses, dont l'une a titré : « Meurtre en blouse blanche ».

Mon avocat décide de ne pas répondre pour l'instant ; l'instruction n'est même pas commencée et déjà je fais l'objet de polémiques sur un sujet de société. Pour moi, c'était un cas de conscience chaque fois. Et je ne m'en expliquerai qu'en me regardant dans une glace, et devant le juge. Maintenant j'en suis capable.

Je ne réponds plus au téléphone, je change de numéro pour m'inscrire sur la liste rouge, et je fuis, quelque part dans le Sud, en famille, dans un village où je pourrai, sans risquer de tomber sur un journaliste affamé de copie, marcher des heures dans la nature et respirer, me calmer. Faire le point sur moi, mes erreurs, mes faiblesses, mes courages, mes contradictions. Tout ce que je n'ai pas pu faire depuis maintenant trois mois. Et sans médicaments pour me brouiller la cervelle. Je veux aborder le suivi psychiatrique, à la rentrée, dans le meilleur état possible.

Je récupère peu à peu dans ce havre de paix provisoire, au sein d'une famille qui m'aime, sous la protection de mon amie de toujours, loin du bruit et de la fureur. Depuis une cabine téléphonique, je vais tous les jours donner de mes nouvelles à Cédric.

Je résumerai notre dernière conversation en une phrase :

« Tu comprends, il y a ma famille, mes amis... Qu'est-ce qu'ils vont dire ?... Je crois qu'il vaudrait mieux repousser notre mariage... »

Repousser ? Autant dire annuler. Quelle place tenait Christine dans l'univers de Cédric ? N'en parlons plus.

J'en pleure évidemment. Il n'a jamais manifesté ses sentiments depuis ma tentative de suicide, il n'a pas posé de question ensuite sur les accusations qui pèsent sur moi. Je lui ai dit la vérité le 11 juillet, alors que j'étais encore en clinique. Il m'a laissée préparer le mariage, Céline s'est occupée de lui pendant mon absence, et je sais que c'était un gros effort de sa part. Elle désapprouvait ce mariage et ne s'en cachait pas. Elle avait raison, je le reconnais.

Ma sœur, qui prend toujours des notes sur les événements importants, a écrit dans son cahier :

Cette décision trop longtemps refoulée est motivée par la réaction de Cédric et de sa famille. Personne ne lui a demandé de devenir un porte-étendard et de lutter en première ligne. Seulement de soutenir Christine. Il disait l'aimer ? No comment !

Je suis soulagée pour elle. Son inquiétude face aux réactions extérieures reste vive, elle se sent protégée et aimée par notre famille, mais régulièrement des bouffées d'angoisse resurgissent, surtout à la tombée de la nuit. Je lui dis souvent que le plus important est de vivre au jour le jour, de laisser faire le temps, car le temps c'est de l'amour. Les expériences qu'elle a vécues sont d'une richesse inestimable, pour elle comme pour nous. Lorsqu'elle a pris la décision de mourir, sa volonté était aussi forte que celle des patients qu'elle a aidés à mourir dignement. Ma belle-sœur est morte, il y a deux ans, d'un cancer généralisé, elle souffrait atrocement, et il a fallu qu'une aide-soignante se batte pour elle, en réclamant de la morphine à cor et à cri. Ce n'était pas non plus le rôle de cette femme, il y avait au-dessus d'elle toute une hiérarchie diplômée mais qui ne bougeait pas.

J'ai réalisé grâce à des êtres comme elle, humains, et ma sœur Christine que, si la vie est le seul bien que l'on possède, elle ne nous est que prêtée, à nous d'en faire quelque chose de plus et de meilleur.

9.

Septembre est arrivé, Jean-Marie Cavada me demande de participer à son émission « La marche du siècle » sur le thème de l'euthanasie et des soins palliatifs. Le programme est en direct, il doit passer à l'antenne la veille de ma première convocation chez le juge d'instruction. Mon avocat demande au magistrat s'il y voit un inconvénient, il n'en voit pas, mais je ne pourrai rien dire de précis, évidemment. Il est hors de question de revenir en public sur mes aveux en garde en vue. Je ne dois pas parler de l'instruction en cours, ni du nombre de cas, ni bien entendu nommer les patients. Et c'est terrible de penser que le public va détailler mon visage, en se posant tant de questions. Ce chiffre de 30 patients qui a circulé dans la presse a donné de moi une image affolante. J'ai un trac épouvantable. Moi qui ne me mets jamais en avant, qui n'osais pas lever le doigt à l'école même quand je connaissais la bonne réponse... me montrer ainsi est un calvaire. Il faut ajouter à cela que je n'aime pas mon physique, et que j'ai du mal à parler en public. Jean-Marie Cavada se montre d'une rare gentillesse. Il a parfaitement compris les exigences de mon avocat, étant donné que nous sommes tenus au respect du secret de l'instruction. Il m'assure que je n'apparaîtrai que quelques minutes au début de l'émission, et serai filmée dans un studio à l'écart du plateau. Je devrai simplement m'exprimer sur mes motivations. Il n'est pas question de faire de moi une figure de proue de l'euthanasie, d'ailleurs je ne suis militante de rien.

J'avais la possibilité d'intervenir à la fin du débat si je le désirais, mais je ne l'ai pas fait. L'idée de revenir à l'image sur ce grand écran ne me tentait absolument pas. Si j'avais accepté d'apparaître dans ces conditions minimales, c'était aussi pour répondre aux journaux dans leur ensemble et une fois pour toutes. Un mauvais plaisantin avait cru bon de fournir à certaines publications une fausse photographie. On y voyait une grande infirmière coiffée en chignon. Un autre avait livré une photographie de collège ! Personne ne savait qui j'étais, or tout le monde parlait de moi. À tel point que, lorsque je me suis présentée aux assistantes de l'émission dans le cabinet de mon avocat, aucune d'elles ne m'a reconnue.

En montrant mon visage à la télévision, dans une émission honorable, et dans des conditions honorables, je pouvais espérer désamorcer définitivement les révélations des journalistes, auxquels j'avais toujours refusé de parler, et qui s'acharnaient encore.

J'ai donc vécu cet épisode médiatique de mon mieux, avec angoisse, les mains moites et les jambes tremblantes. Une fois libérée par ma courte intervention, j'ai pu assister de loin aux débats, et réagir dans mon coin. Surtout lorsqu'une mère de famille a parlé de sa fille autiste, malade depuis des années, des médecins qui s'en occupaient si mal. Ceux qui étaient présents sur le plateau semblaient l'écouter en doutant des horreurs et des souffrances que sa fille avait vécues en milieu hospitalier. Cette mère courageuse à bout de ressources médicales, de prise en charge officielle, avait décidé seule de mettre fin aux souffrances de son enfant. Elle aussi était hors la loi, et s'est retrouvée devant la justice, consciente mais certaine d'avoir rendu la liberté à son enfant, par ce geste d'amour ultime.

Je n'aimais pas cette hypocrisie des termes employés par certains participants, un médecin parlait d'« endormir » ses malades, de mettre fin à l'acharnement thérapeutique... de prescrire un cocktail médicamenteux... d'abréger les souffrances...

Ce terme d'« euthanasie » qui m'avait tant choquée lorsque l'hôpital l'avait employé en m'accusant, lui ne l'utilisait pas, et pourtant il regroupe tout ce qu'il évoquait.

Lorsqu'on m'a demandé au début de cette émission mon avis sur une légalisation éventuelle de l'euthanasie, puisque c'était le sujet principal, j'ai répondu :

« Non, il ne faut pas légaliser, mais dépénaliser, oui. »

On nous a annoncé une meilleure prise en charge de la douleur, et plus de liberté pour les infirmières d'administrer des antalgiques. On a parlé aussi d'établir des carnets de la douleur pour chaque patient, afin de mieux la gérer. Dans la mesure où cela aiderait l'hôpital à la prendre mieux en compte, c'est une bonne chose. Aux médecins responsables ensuite de se montrer attentifs dans ce domaine. Et de ne pas répondre, à l'infirmière qui réclame de l'aide : « Ce n'est pas mon malade ! Je ne prends pas de responsabilité ! »

Un livre est sorti récemment sur le classement des hôpitaux et les notes qui leur sont attribuées notamment sur la prise en charge de la douleur. Certains centres hospitaliers ont carrément refusé de répondre à l'enquête.

Mon humble avis est que si l'on prenait en considération la demande d'un patient, alors qu'il est conscient et lucide, et s'il savait qu'il est en droit de la faire, mon histoire n'aurait jamais existé. Ne pas subir d'acharnement thérapeutique en cas de pronostic sombre et avéré. Ne pas végéter dans un coma irréversible. Ainsi la situation serait claire pour tout le monde. En premier lieu pour le patient lui-même, qui ne serait plus cette chose anonyme, privée de décision, entièrement soumis, qu'il le veuille ou non, à celle des autres. Ensuite pour la famille, souvent déchirée et en souffrance, qui n'a pas le droit de demander l'arrêt des soins, et qui, lorsqu'elle ose le faire, provoque un bouleversement dans une équipe hospitalière non préparée à cette demande. Je ne pense pas à un formulaire administratif, que l'on présenterait à tout patient gravement atteint, pour s'assurer de son accord ! Ce serait affreux. On guérit beaucoup de cancers, l'espoir doit rester notre premier combat. Mais simplement que la demande, si elle existe, soit notée dans le dossier du malade, comme son testament de vie. Et que nul ne la discute le moment venu. Je connais trop la souffrance du geste à la fois précis et flou qui aide à mourir. Ce déchirement entre la promesse secrète et la loi. C'est une véritable tempête intérieure qui se déchaîne, et les pensées chavirent, on est emporté d'un côté ou de l'autre. Dans mon cas, je le sais, c'est le malade qui a été le plus fort dans cette tempête. Et c'est moi qui ai sombré.

Mon seul espoir, après ce déferlement médiatique qui m'inquiétait, était de bien m'expliquer devant le juge. Je m'étais mise moi aussi à prendre des notes personnelles dans un carnet. Ce jour-là, j'ai écrit :

J'ai peur. Mais cette fois-ci je vais vider mon cœur. Le journal du matin a publié un article fidèle à la réalité, et il m'est plus facile d'aborder le sujet. J'ai fait preuve d'une grande lâcheté face à la police. J'étais prête à endosser tous les décès dont je n'étais pas responsable pour en finir. Je ne pensais pas à la douleur des familles, à ce deuxième deuil auquel je les aurais contraintes, en voulant me punir bien au-delà de mes actes. Je ne pensais pas non plus à ce suicide professionnel auquel j'adhérais amèrement. Je me méprise tant d'être faible et masochiste à ce point.

Devant le juge, j'ai effectivement vidé mon cœur. J'étais presque légère en sortant de son bureau, avec le sentiment qu'il m'avait comprise. Pourtant je ne parviens pas à lui parler de moi, comme je le pense. C'est à lui peut-être qu'il faudrait dire ce que j'écris.

Entre-temps il a enregistré trois plaintes de partie civile. Deux d'entre elles ne viennent pas de familles de patients que j'ai aidés. La troisième concerne le dernier patient, que je n'ai pas voulu aider à mourir, simplement calmer son angoisse. Et je ne suis toujours pas persuadée que l'augmentation d'une dose de tranquillisant ait pu provoquer son décès. Ce patient ne m'avait adressé aucune demande, j'étais présente pour lui donner des soins en fonction d'une prescription établie. J'ai majoré cette prescription pour des raisons que j'estimais conformes à l'aggravation de son état anxieux. C'est un manquement aux règles professionnelles.

Mais son épouse m'accuse à présent de « lui avoir volé la mort de son mari ». L'instruction est en cours, c'est à la justice de déterminer si ma décision a contribué ou non à cette issue fatale. Je souhaite ardemment ne pas être mise en cause. Mais je ne peux me permettre actuellement aucun commentaire à ce sujet.

Par contre, pour les deux autres plaintes déposées, j'affirme qu'elles ne sont absolument pas recevables. Autant j'accepte d'endosser la responsabilité des gestes que j'ai accomplis, autant je refuse d'être la victime d'un règlement de comptes qui ne me concerne pas.

Une patiente est décédée au mois de novembre 1997. C'était une femme jeune, qui souffrait d'un cancer de la plèvre. À l'annonce du diagnostic, elle est partie en vacances avec son époux, choisissant d'être prise en charge à son retour. Elle est ensuite hospitalisée dans le service pour être transférée dans une clinique, afin de subir une opération. Elle part en clinique puis revient chez nous. Nous apprenons alors par le médecin que l'opération n'a pas eu lieu. Je crois avoir entendu qu'elle était malheureusement inutile à ce stade étendu de la maladie. C'est une catastrophe pour cette femme encore jeune. D'autant plus qu'elle ignore que l'on a ouvert et refermé sans intervenir.

Elle a une cicatrice, elle est donc persuadée que le chirurgien est intervenu. Personne n'ose apparemment lui avouer la vérité. Je me souviens avoir entendu son mari dire qu'il avait dû « faire du foin » pour rencontrer le chirurgien, et s'entendre confirmer, d'une part, que l'intervention était impossible et, de l'autre, que le pronostic était défavorable.

Une chimiothérapie à visée palliative est alors tentée. Les premiers jours sont très difficiles, elle perd ses cheveux, elle l'accepte mal, puis finit par se décider à les raser complètement, pour porter une perruque, qu'elle met d'ailleurs très peu, préférant le foulard. À la suite de cette chimiothérapie, cette patiente fait un coma avec une insuffisance rénale, une insuffisance hépatique et des réactions d'intolérance graves. Elle semble également manifester une sorte de démence, perd l'équilibre ; manifestement, elle ne supporte pas du tout la chimiothérapie. C'est un cas d'intolérance démesuré, assez rare, que les médecins ont du mal à expliquer et à contrôler.

On lui avait prescrit de nombreux médicaments, que l'on est obligé d'arrêter, car elle ne supporte plus rien, ni les calmants ni les antidouleurs, alors qu'elle souffre. C'est un passage extrêmement difficile durant lequel elle est entourée par ses parents, son mari qui vient la voir tous les jours. Il parle facilement avec l'équipe, c'est un homme affable, il semble très prévenant et s'occupe beaucoup d'elle. Au bout de quelque temps, cette femme sort peu à peu de sa léthargie. Elle va mieux, mais elle est très fatiguée...

Je crois qu'elle est restée à l'hôpital une quinzaine de jours, avec un traitement antalgique assez léger, car elle ne supportait vraiment pas grand-chose.

Au grand étonnement de tout le monde, elle semble donc avoir récupéré, fatiguée bien sûr, souffrant de douleurs dorsales et thoraciques, mais elle quitte l'hôpital avec un rendez-vous fixé quinze jours plus tard pour refaire une chimiothérapie.

À ce moment-là – c'est une réflexion personnelle, mais je ne suis pas la seule à l'avoir exprimée – je me dis : « Mais qu'ils lui fichent la paix ! Qu'ils la laissent vivre le reste de ses jours tranquillement, puisque rien ne marche ! Elle vient de faire une réaction horrible, elle a failli y passer et on recommence, alors qu'on sait pertinemment que c'est fichu ! À quoi pensent les médecins ? À tout tenter ? Avec un risque pareil ? »

Lorsque cette patiente revient dans le service, elle a repris un peu de forces, meilleure mine, et le protocole de chimiothérapie recommence. Les deux premiers jours se passent sans problème. Elle doit rentrer chez elle au soir du troisième jour.

Je me souviens qu'elle était alors soucieuse, car la séance de chimio finit tard ; or elle avait terriblement envie de rentrer chez elle et craignait que l'heure de sortie ne soit dépassée. Je lui ai promis, pour la rassurer, que nous allions nous efforcer de faire la séance le plus tôt possible et qu'elle sortirait de toute façon, quelle que soit l'heure.

Mais, ce soir-là, elle est vraiment trop faible pour rentrer. Elle le sent bien elle-même et accepte de ne sortir que le lendemain, si tout va bien.

Je ne me souviens plus si elle a dû rester un jour ou deux. En tout cas nous sommes un dimanche et, lorsque les filles passent au petit déjeuner, elle n'est pas bien. Comme nous disons entre nous, « elle ne répond pas vraiment », « elle nous inquiète ».

Elle est installée dans une chambre à deux lits, en compagnie d'une jeune patiente. Nous décidons de la mettre en chambre seule, juste en face du bureau, pour la surveiller davantage.

Peu de temps après, elle fait ce que l'on appelle une crise comitiale, c'est-à-dire une sorte de convulsion très importante, les yeux révulsés ; elle urine abondamment sous elle et c'est très impressionnant. Il semble bien qu'elle soit à nouveau en insuffisance rénale et n'ait pas uriné depuis longtemps. Immédiatement nous appelons le réanimateur et le médecin de garde. Nous lui plaçons une perfusion, on amène le chariot d'urgence dans la chambre pour tenter une réanimation.

Le médecin arrive, j'appelle le pneumologue pour qu'il s'entretienne avec son confrère de garde. Il a besoin de savoir si elle refait la même intolérance que précédemment, avant de la réanimer, et les précautions à prendre dans l'emploi des produits. Ils nous donnent ensuite une prescription complète, avec de la cortisone et d'autres médicaments pour les convulsions.

On peut craindre en effet un œdème cérébral chez cette patiente, ou une complication de ce genre. Elle a un pouls filant, que l'on arrive mal à percevoir, il est là et tout d'un coup il n'y est plus. J'arrive à faire des gaz du sang qui ne sont pas catastrophiques. Avec ma collègue infirmière, nous allons préparer la prescription. Les aides-soignantes restent avec la patiente pour la changer, car elle baigne dans l'urine. Nous sommes en train de mettre la prescription en place, lorsqu'elle refait une deuxième crise convulsive. Il faut rappeler les médecins, qui viennent à peine de partir, ils se trouvent encore au bout du couloir. La malade n'est pas bien, elle s'enfonce, elle est comateuse, elle risque de s'en aller, et ma collègue lui parle sans arrêt pour la maintenir en éveil.

« Il faut tenir le coup, tenez bon, votre mari arrive... »

Nous avons beaucoup de difficulté à joindre son mari, le téléphone ne répond pas sur son lieu de travail ni chez lui ; nous tentons alors de joindre une amie de cette patiente, pour qu'elle se charge de le prévenir d'urgence. Cette amie travaille, elle prévient donc une autre amie du couple, qui peut faire un trajet d'une vingtaine de minutes en voiture jusqu'à leur domicile. Lorsqu'elle arrive, elle constate que le mari dormait tout simplement.

Il est alors 10 heures du matin environ. Nous attendons, ma collègue et moi, depuis un certain temps, en essayant de maintenir cette pauvre femme vigilante. Lorsque son mari arrive enfin et s'approche d'elle, il a encore le temps de lui parler, et elle décède devant lui.

Et je n'ai absolument rien fait à cette femme qui aurait pu mettre sa vie en danger.

Par contre, avec toutes les précautions nécessaires, je dois ajouter une composante importante à cette malheureuse histoire. Il semblerait qu'à la demande du médecin pneumologue les réanimateurs « auraient dû » descendre cette femme en réanimation dès la première convulsion et qu'ils ne l'aient pas fait. Et lorsque nous les avons appelés lors de la deuxième convulsion, il était manifestement trop tard.

Le lundi matin, le médecin pneumologue met en doute mes capacités et celles de ma collègue :

« Vous ne pouviez pas la faire descendre en réanimation ? Vous ne pouviez pas faire ce qu'il fallait ! »

Nous avons en effet appelé le réanimateur, exécuté exactement la prescription, nous avons fait tout ce qu'il fallait, et nous n'y sommes pour rien. Personne ne peut dire que nous sommes passées toutes les deux à côté de quelque chose, tout ce qui était en « notre pouvoir » a été fait.

Que les médecins n'acceptent pas le décès brutal de cette femme jeune, parce qu'ils étaient impuissants à régler le problème, et qu'elle présentait une intolérance singulière à laquelle ils ne comprenaient pas grand-chose, nous pouvons l'admettre. Mais il était impossible pour ma collègue et moi-même d'accepter une responsabilité quelconque dans ce décès.

S'ils ne l'ont pas descendue en réanimation alors que c'était leur consigne, ce n'est vraiment pas notre faute.

Personnellement, et cela n'engage que moi, la décision en amont de prescrire à cette femme un deuxième protocole de chimiothérapie qu'elle n'a pas supporté, c'est la responsabilité des médecins. Et il est facile d'avoir sous la main quelqu'un à engueuler, pour se défouler.

Ce n'est pas nous qui l'avons tuée.

Cet homme m'a parlé de sa femme, de son cancer, il savait que le pronostic était sombre lorsque la décision a été prise de ne pas opérer. Après son décès, il éprouvait un grand besoin d'en parler, ce qui était normal. Je l'ai écouté se confier longtemps, c'était en dehors de l'hôpital, j'étais alors avec Cédric, car nous faisions des courses pour préparer notre mariage. Cet homme n'avait jamais mis en doute les circonstances de la mort de sa femme. Lorsque l'affaire a éclaté dans la presse, elle était morte depuis huit mois. Et il a décidé de se porter partie civile sur des présomptions complètement erronées.

Très vite, on a pu lire, dans certains journaux locaux et nationaux, que « cet homme se pose maintenant des questions sur le décès de sa femme », qu'« elle allait mieux et qu'elle allait sortir ». Ce qui est exact jusqu'au matin du dimanche où elle a fait la première convulsion, puis une autre. Il dit aussi que « j'étais dans la chambre de son épouse », c'est exact également, et avec ma collègue. Une employée de l'hôpital a déclaré de son côté que je lui aurais demandé une « seringue ». Effectivement j'ai dû lui demander une seringue électrique, car le produit prescrit contre les convulsions devait être diffusé en seringue électrique ! Donc, c'est la machine elle-même que je lui ai réclamée. Mais dans la presse cette petite phrase, « elle m'a demandé une seringue... », a une couleur éminemment suspecte. Elle ajoute que je serais ressortie de la chambre, après m'y être enfermée, en déclarant : « C'est fini... »

Ma collègue infirmière sait parfaitement que nous avons fait les soins ensemble, et que je n'ai jamais été seule dans cette chambre. Elle n'a pas pu dire, j'espère, autre chose que la vérité.

Ces sortes d'accusations, voire de suppositions, me révoltent.

Tout le monde maintenant à l'hôpital peut se poser des questions... Tout le monde peut se dire qu'un décès ou tel autre... n'était pas attendu, que le patient n'était pas inquiétant... ou que je suis passée par là, entrée dans la chambre et ressortie, une seringue à la main.

Dans ce cas précis, le médecin et ma collègue pourront témoigner. Mais, en attendant, les journaux le disent, les ragots circulent, et c'est dur.

Si je suis coupable d'avoir aidé dans trois cas précis, je l'admets. Mais laisser courir des ragots de cette sorte pour m'enfoncer, je ne l'accepterai jamais. Et je me pose souvent la question : Qu'est-ce que je « leur » ai fait ?

Je crois que l'on ne m'aimait décidément pas dans ce service. Je le sentais, j'en souffrais et me taisais. Maintenant c'est clair.

Cependant je refuse de faire l'objet de règlements de comptes mesquins.

En ce qui concerne l'autre partie civile, je n'y suis absolument pour rien. La seule chose qui me relierait à ce cas, c'est que j'ai découvert le patient décédé.

Nous étions aux transmissions à 1 heure. À 2 heures, sa chambre sonne, c'est une chambre à deux lits. Je vais voir ce qui se passe, et le voisin de lit me dit :

« C'est à cause de l'oxygène... »

Je vois effectivement que la prise murale a sauté sous la pression. Cela arrive parfois, et ce n'est pas grave ; d'ailleurs, il s'agit d'aérosol. Je jette un œil sur le patient et je lui trouve un teint bizarre, avec de la mousse aux lèvres. Sa poitrine ne bouge plus. Je me penche sur lui pour vérifier, en me mettant de dos de manière à dissimuler ce qui est arrivé à l'autre malade. Puis je m'adresse à lui, sans me retourner, comme si j'étais occupée à un soin quelconque.

« Vous ne voulez pas appeler mes collègues, s'il vous plaît ? Pour qu'elles viennent me donner un coup de main, il a besoin d'être aspiré ! »

C'est un prétexte pour faire sortir cet homme afin qu'il ne soit pas confronté au spectacle. Dans la mesure du possible, nous essayons toujours d'éviter que les patients se trouvent face au décès de leur voisin de chambre. C'est inutilement traumatisant.

Il sort et fait effectivement venir mes collègues que je préviens aussitôt.

« Qu'il reste dehors, l'autre est décédé. »

C'était un homme qui souffrait d'une maladie très rare, presque un cas d'école. Je crois que les médecins n'avaient pas complètement informé la famille de la gravité de cette maladie et du pronostic inquiétant. Je me souviens parfaitement d'avoir rencontré la famille, qui n'était pas préparée à ce décès, à mon avis. Ce qui explique peut-être les questions qu'elle se pose à tort aujourd'hui.

Cet homme est décédé des complications de cette maladie neurologique, aggravée, je crois, de problèmes digestifs. Du moins, c'est ce que j'ai entendu dire. C'est un cas extrêmement rare, auquel je n'ai pas compris grand-chose, je l'avoue, tellement il était complexe.

D'ailleurs, ce malheureux patient avait le sentiment qu'on ne faisait rien pour lui, son abdomen gonflait dans des proportions effroyables. Le seul traitement possible était à base d'antibiotiques à forte dose qui ne donnaient pas de réels résultats. Il n'y avait probablement guère de miracle à attendre. Il aurait mieux valu en prévenir l'entourage.

Les faits sont là, trois parties civiles, dont les deux dernières n'ont absolument rien à voir avec moi ; et je doute honnêtement d'avoir une part de responsabilité dans la troisième.

L'instruction est en cours pour très longtemps. Un an, peut-être deux. Je suis régulièrement convoquée chez le juge, et je vais régulièrement chez un psychiatre.

À la fin de l'automne 1998, j'ai subi, à la demande du juge, une expertise psychiatrique.

Je me suis donc rendue dans un hôpital de la région, pour y rencontrer deux médecins experts. J'avais déjà vu l'un d'eux à la clinique, alors que je niais obstinément les faits qui m'étaient reprochés. Je lui avais menti, certes, mais comme à tout le monde à cette époque. Les choses étaient différentes ce jour-là.

« Vous êtes surprise de devoir subir une expertise psychiatrique ?

– Je dois m'y soumettre, on m'avait prévenue, donc je suis là.

– Quelque chose a changé à présent ?

– Oui, je suis mise en examen.

– La dernière fois, vous avez tout nié, pourquoi ? »

Cette première fois, je m'étais sentie en confiancc devant ce médecin, il avait l'air de pouvoir me comprendre. J'ai voulu alors lui raconter les conditions de ma garde à vue, la pression subie, la peur et mes aveux délirants. Je voulais qu'il comprenne comment, en ayant voulu garder la vérité pour moi aussi longtemps, j'avais finalement « craqué » devant la police.

C'est une obsession chez moi. Et je pleure chaque fois que je dois évoquer ces menaces qui m'ont traumatisée : annuler mon mariage, déterrer les corps, avertir mes parents sans précaution. J'ai besoin d'évacuer cette peur, et que quelqu'un la comprenne et l'admette.

Je sens que j'ai mal répondu à ces deux psychiatres. Ce n'est pas ce qu'ils voulaient entendre. Ils voulaient savoir pourquoi j'avais nié. C'est une telle évidence pour moi que je n'y songeais pas à ce moment-là.

J'avais promis, c'était un respect des dernières volontés du malade. Ensuite, ils ont voulu savoir si je me souvenais du nom des personnes et du nombre.

Je dis les noms, et ils s'étonnent :

« C'est tout ? »

Ils ne me croient pas ! Je me sens tellement mal à l'aise tout à coup et inquiète. Ces deux hommes vont juger de ma personnalité. Ils vont dire si je suis saine d'esprit ou non. J'ai peur qu'ils me trouvent menteuse et anormale. Peur qu'ils me fassent enfermer à nouveau quelque part. Mon avenir est entre leurs mains. Le mot « folie » me tourne dans la tête. S'ils me déclaraient « folle » ?

Ils n'étaient pas là lors de la garde à vue où j'étais morte de terreur, et cela n'a pas l'air de les intéresser. Ils restent froids, le courant ne passe pas, j'ai le sentiment qu'ils doutent de moi, et je me bloque aussitôt.

Autant je suis relativement confiante devant le juge, qui va prendre son temps, enquêter, se faire une opinion sur ma sincérité, autant je suis mal à l'aise avec ces deux experts.

Ils veulent à tout prix me faire dire comment ça s'est passé avec les malades, leurs noms, des détails. Cet interrogatoire ressemble étrangement à celui de la police. Je me demande en quoi les noms des gens leur serviront à quelque chose pour étudier ma personnalité. Je n'ai plus confiance, je me braque.

Plus tard, je me suis dit qu'ils cherchaient simplement à savoir si j'avais menti et quand j'avais menti, c'était leur travail. La première fois avec ce policier ? Ou ensuite devant le juge d'instruction en revenant sur mes aveux ? C'est l'énorme interrogation, je le sais bien.

Ensuite, l'un des deux m'a demandé si je m'étais « prise pour Dieu ». J'ai ouvert des yeux ronds. Jamais je n'y aurais songé. Que l'on croie en Dieu ou pas, le nom évoque à lui seul la surpuissance, celui qui décide de tout, de la naissance à la mort.

En aidant mes malades, je suis persuadée de n'avoir exercé aucun pouvoir sur eux. C'est même le contraire. C'est leur demande qui a pris le pouvoir sur moi. C'est différent.

Mais je ne suis pas très rapide pour répondre ainsi, il me faudrait un temps de réflexion, et je ne l'avais pas. Si bien que j'ai répondu « non », avec étonnement, sans comprendre.

Nous avons parlé longuement de ma tentative de suicide, avant ou après Dieu, je ne m'en souviens plus. Puis ils m'ont demandé si je voulais ajouter quelque chose.

« Non.

– Au revoir. »

C'était déjà fini. L'entretien a duré une heure et demie, paraît-il ; j'ai eu le sentiment qu'il était bien plus court. Et je suis sortie de ce bureau, complètement perturbée, avec la sensation d'avoir passé une sorte d'examen, de fin de carrière peut-être, et d'ignorer si j'avais bien répondu. Quelle note allaient-ils m'attribuer en rendant leur copie ? Ils m'ont jugée sur si peu de chose, en fin de compte. Ces spécialistes utilisent des termes tellement catégoriques pour qualifier les gens, qui allais-je découvrir après cela ? Une autre moi ? Ou toujours moi ?

Je suis trop émotive, je m'implique trop avec les autres... S'ils écrivaient cela dans leur rapport, je ne pourrais pas le récuser. C'est moi. S'ils écrivaient autre chose, je ne serais pas sûre de me reconnaître.

Et j'avais peur d'être ainsi mise à nu. J'étais en danger d'investigation profonde de moi-même. À mon âge, on se connaît mal ; ce sont les parents, les amis, les autres qui savent.

J'étais vraiment mal après cette inquisition que j'avais mal comprise.

J'attendais leur rapport avec anxiété. Mon avocat avait promis de m'en donner les grandes lignes dès qu'il en aurait connaissance.

En attendant, les séances d'interrogatoire chez le juge d'instruction se poursuivent, et peu à peu je pose aussi des questions à l'avocat sur le procès en assises qui viendra un jour.

Une cour d'assises, c'est comment ? Je serai placée où ? Et l'avocat ? Et les jurés ? Est-ce que ce sera en public ? Oui. Est-ce que ce policier sera là ? Oui.

Voilà qui me fait peur plus que tout. Me retrouver face à cet homme qui a extirpé de moi des aveux aussi fous. Qui doit toujours me croire coupable, et menteuse, et espère que je finirai par aller en prison.

C'est dur et irréel, tout ce qui m'arrive depuis le mois de mai. Un cauchemar dans lequel je m'enfonce par moments, dont je ressors en me forçant à vivre, parfois aidée par ma famille, parfois seule. Je n'ai plus d'appartement à moi, plus de métier, un salaire minimum versé par l'hôpital et qui s'est réduit comme peau de chagrin au fil des mois. Je croyais aimer un homme, avoir vécu un coup de foudre, et c'était une illusion. J'avais seulement choisi de me dévouer, encore et encore.

J'essaie d'envisager des choses à faire pour me rendre utile. Ce vide soudain dans ma vie, alors que je passais des journées, des week-ends à m'occuper des autres, est difficile à supporter. Alors je décide de prendre des cours de diététique. De refaire du sport. De préparer ma défense comme je peux. Ma défense contre mon corps, contre l'ennui et l'angoisse. Je suis dans ma famille, tout le monde m'aide, mais je ne suis plus autonome, je me sens trop souvent un poids pour eux, avec cette affaire qui me dépasse. Je tiens la tête hors de l'eau, mais parfois j'ai du mal à nager.

Le jour où mon avocat reçoit communication du rapport des experts psychiatres, je m'effondre totalement. Ils estiment que je ne ressens aucune culpabilité autre que celle d'avoir trahi le secret de mes patients. Que je ne suis pas loin d'avoir un comportement pervers et suis fascinée par la maladie et la mort. Selon eux, c'est ma propre souffrance que j'ai soulagée en soulageant celle des mourants.

J'ai peur de l'autorité, et je ne parle jamais de mon père. Je souffre d'une carence affective et, surtout, je ne fais jamais aucune référence à la loi.

Certes, ils ne me jugent pas folle ni atteinte d'un trouble mental particulier. Ils ont noté aussi que j'étais habillée de noir. Peut-être ont-ils pensé que je portais un deuil ? Mais je m'habille en noir tout simplement parce que je suis forte.

Les jours qui suivent et les soirées surtout sont épouvantables. J'ai beau essayer de décrypter les termes employés, je ne comprends pas la « presque » perversité dont ils parlent. Par instants, je me condamne moi-même sans aucune mesure : « Et si j'avais tué des êtres humains ? Si j'étais une criminelle ? »

Là, je m'effondre en larmes.

Je tourne en rond dans ma tête cette définition : « Soulager sa propre souffrance ».

C'est vrai, je souffrais en voyant souffrir les mourants. Mais qui est capable de ne pas souffrir de la souffrance ? Je souffre devant l'image télévisée d'un enfant qui meurt de faim ! Devant un handicapé à vie, devant un jeune garçon qui meurt d'un cancer, un vieillard qui n'en peut plus...

Et c'est vrai aussi que l'on soulage sa propre souffrance en soulageant celle de l'autre, puisqu'on la partage.

C'est un crime ? Je crois que l'on peut partager la souffrance d'un autre, comme on peut partager son espoir ou sa joie.

La mort me fascine ? Si c'est le cas, je n'en ai pas conscience. Je voudrais pouvoir combattre la maladie, et lorsque nous n'y arrivons pas, que c'est elle qui gagne, angoisse, étreint, torture avant de venir à bout d'un vivant, je l'aide s'il l'a demandé. C'est une fascination ?

J'ai trop souvent côtoyé la mort. Je l'ai sentie venir chez certains patients, et c'est vrai je m'étais fait un devoir d'accompagner celui ou celle qui l'attendait. Je ne supportais pas de les laisser seuls à ce dernier moment. Si ma « perversité » ou ma « fascination » sont allées aussi se nicher là, que dire alors de mes collègues qui ont choisi les soins palliatifs pour les mêmes raisons ? Si l'on faisait expertiser des médecins ou des psychiatres en exercice, que trouverait-on comme « fascination » dans leur comportement ?

Je vis bien davantage avec la mort depuis que je ne l'approche plus dans mon métier. J'ai voulu mourir moi-même, et leur rapport n'en parle même pas. Comme si cette souffrance, cette culpabilité justement que je ne pouvais plus supporter leur était indifférente. J'ai posé la question à un médecin, il m'a répondu :

« Ils ont peut-être oublié... c'est curieux, ou alors ce n'était pas prévu dans leurs comptes rendus. »

J'ai repensé à la mort de ma grand-mère, à celle d'une amie d'enfance, à ma grande peur la première fois que j'ai voulu faire face à un corps sans vie. Et aussi à ce couple de vieillards qui s'étaient suicidés à l'hôpital, à la belle-sœur de Céline. À tous ces patients décédés, aux toilettes qu'il fallait faire. J'ai surmonté cette peur dc la mort, ce n'est pas elle que je crains mais la souffrance qu'elle engendre.

Je me souviens aussi de ce que ma mère m'a raconté quand j'étais enfant.

« Lorsque tu es née, j'ai cru que tu étais morte. Je ne pouvais rien faire, ni me lever pour te prendre dans mes bras et te secouer pour t'empêcher de mourir, ni crier. »

C'était un cauchemar, j'étais bien vivante. J'ai entendu ce récit souvent. Est-ce que cette fausse mort aurait eu une influence sur moi simplement par l'intermédiaire d'un récit ? C'est à devenir fou de se poser une pareille question ! Quant à mon père que j'adore, si je n'ai pas parlé de lui, c'est qu'on ne m'a pas posé de question sur lui.

Quelle conclusion en ont-ils tiré ? Que je craignais l'autorité de ma mère, et que mon père n'était pas présent dans mon discours. Je ne l'ai pas comprise seule, d'ailleurs, cette conclusion, j'ai dû me faire aider par un spécialiste pour en venir à bout.

J'en demande pardon d'avance à mes parents. Je craignais ma mère lorsque j'étais enfant, je voulais être obéissante, sage, ne pas lui poser de problème. Et je l'aime.

Et ma culpabilité, qu'en savent-ils ? On est coupable intimement, profondément, on se débat avec ce sentiment comme on peut. Parfois, c'est lui qui prend le dessus, et on cherche vainement ce qui pourrait vous en soulager. Parfois, on se persuade d'avoir fait ce qu'il fallait, et d'être en paix avec sa conscience quoi qu'il arrive. Quant à la loi, j'ai toujours été consciente de l'avoir transgressée. J'imagine que tous ceux qui ont agi comme moi en avaient également conscience. Et ce n'est pas une mince transgression. Elle m'a empêchée de dormir durant ces trois ans de métier, plongée dans le silence forcé et la solitude.

Depuis cette expertise, qui aura forcément une influence lors du procès, je ne sais plus comment me justifier. À force de décortiquer les êtres ainsi, de les découper en mots et en formules, peut-on être certain de les connaître en entier ? De bien rassembler honnêtement les morceaux du puzzle ?

J'ai tenté de parler de mon passé, de mes actes, de mes interrogations avec le psychiatre qui assurait le suivi des recommandations du juge. Il n'avait pas « envie » de traiter ce sujet avec moi, il préférait me guider vers l'avenir. Comme si je pouvais oublier... comme si je n'avais pas besoin, absolument besoin d'en parler. Alors, j'ai pris mon courage à deux mains et je lui ai dit que je ne progressais pas avec lui. Il en a convenu bien volontiers et m'a conseillé de m'adresser à quelqu'un d'autre. Ce que j'ai fait. J'ai entrepris une nouvelle thérapie.

Tout recommencer au début, raconter mon histoire à nouveau, parfois je n'en peux plus, et pourtant j'en ai besoin. C'est ainsi que j'ai accepté de faire ce livre. Pour avoir le temps, l'espace, la réflexion, et que ce soit net au moins dans ma tête, avant que la justice décide de mon sort.

Alors que je vivais dans cette angoisse profonde, la presse a brusquement relancé le débat, en publiant des articles où nombre de gens, y compris des personnalités, affirmaient avoir pratiqué l'euthanasie, ou être décidés à le faire. Je n'ai pas voulu lire ces déclarations, je ne veux pas entrer dans ce débat. Mon histoire est personnelle. Chaque histoire de ce genre est personnelle. On ne peut pas généraliser, légiférer, chacun de nous dans ce cas est face à sa conscience.

La mienne me tourmente sans cesse. Je devrai vivre avec elle encore longtemps, si le destin ou « Dieu » le permet.

J'étais jeune, idéaliste et sincère en choisissant ce métier, c'était une vocation, je voudrais tellement que l'on ne m'enlève pas cette sincérité. Que l'on ne m'empêche pas de faire ce pourquoi je suis faite. Être utile.

Quel que soit le jugement qui m'attend, je m'y soumettrai, car je suis coupable devant la loi, mais il ne réglera probablement rien entre moi et moi.

Le chemin qui m'attend est encore difficile. J'avance à petits pas, parfois même à reculons, vers une lucidité dont j'ignore si elle sera destructrice ou constructive.

Si je devais renoncer à mon métier, parce que je suis « trop humaine », elle sera certainement destructrice.

Si je parviens un jour à savoir comment ne pas être « trop humaine » tout en le restant, elle le sera moins.

Si je parviens à m'aimer telle que je suis, à équilibrer mes contradictions, à dominer ma faiblesse et à ne plus avoir peur des autres comme une enfant affolée, alors elle sera vraiment constructive. Le drame personnel que je vis actuellement aura servi au moins à cela.

Mais je n'oublie pas mes patients. Ils seront toujours présents dans mon souvenir, car ma relation avec eux était importante et précieuse.

Je regrette d'avoir trahi ceux que j'ai aidés, comme je regrette d'avoir trahi la loi.

Si j'ai un dernier aveu à faire ici, ce sera celui-là.

Je n'avais pas le droit.

Cet ouvrage a été réalisé par la
SOCIÉTÉ NOUVELLE FIRMIN-DIDOT
Mesnil-sur-l'Estrée
pour le compte des Éditions Fixot
24, avenue Marceau, 75008 Paris
en mars 1999

Imprimé en France
Dépôt légal : mars 1999
N° d'édition : 39795/01 – N° d'impression : 45992